교양으로 배우는
금리

Original Japanese title: KYOYO TO SHITENO "KINRI"
Copyright © Naoya Tabuchi 2023
Original Japanese edition published by Nippon Jitsugyo Publishing Co., Ltd.
Korean translation rights arranged with Nippon Jitsugyo Publishing Co., Ltd.
through The English Agency (Japan) Ltd. and Eric Yang Agency, Inc

교양으로 배우는

금리

초판 1쇄 인쇄 2024년 2월 22일
초판 1쇄 발행 2024년 2월 29일

지은이 다부치 나오야
옮긴이 박재영
감수 이성민
펴낸이 이종두
펴낸곳 (주)새로운 제안

책임편집 엄진영
디자인 보통스튜디오
영업 문성빈, 김남권, 조용훈
경영지원 이정민, 김효선

주소 경기도 부천시 조마루로385번길 122 삼보테크노타워 2002호
홈페이지 www.jean.co.kr
쇼핑몰 www.baek2.kr(백두도서쇼핑몰)
SNS 인스타그램(@newjeanbook), 페이스북(@srwjean)
이메일 newjeanbook@naver.com
전화 032) 719-8041
팩스 032) 719-8042
등록 2005년 12월 22일 제386-3010000251002005000320호

ISBN 978-89-5533-649-8 03320

금리는 모든 사람들이 꼭 알아야하는 필수 교양이다

교양으로 배우는 금리

✔ 일드 커브와 지표 금리
✔ 금리와 주가, 환율의 관계는?
✔ 제로금리와
　마이너스 금리란?

새로운 제안

다부치 나오야 지음 박재영 옮김 이성민 감수

＊

금리는 당연히 금융의 기본 중의 기본이다. 금융이 경제 전반과 우리 생활에 미치는 영향의 크기를 고려한다면 금리는 많은 사람에게 필수 교양이라고 할 수 있겠다.

금융에는 크게 debt부채, 채무와 equity자기 자본가 있다. debt는 은행에서의 차입이나 채무 발행 등을 통해 얻는 돈을 말하며 이 부분에 금리가 크게 관련되어 있다. 그 세계 시장 규모금융기관은 제외는 IMF국제통화기금에 따르면 2021년 말 시점에서 235조 달러 가까이에 달한다. 쉽게 상상할 수 없는 금액이지만 경제 활동 규모를 나타내는 세계 GDP국내총생산의 약 2.5배라고 하면 아무튼 대단히 거대한 규모임을 알 수 있을 것이다.

또한 그뿐만이 아니다. 금융의 또 다른 분야인 equity는 주식회사일 경우 주식 발행으로 얻는 돈을 말하는데 그 가치도 금리에 따라 크게 좌우된다. 즉 금리는 debt 뿐만 아니라 금융 전체에 절대로 빠뜨릴 수 없는 중요한 요소다.

금리는 이 정도로 중요한데 왠지 가까이 하기 어렵다고 느끼는 사람도 많을 것이다. 그 이유 중 하나로는 한마디로 금리라고 해도 실제로 종류가 다양해서 전체를 파악하기 어렵다는 점이 있다. 그 전체를 이해하려면 금리를 일드 커브yield curve, 수익률 곡선라고 하는 기간 구조로 파악해야 하며 대부분의 일드 커브가 형성되는 채권 시장에 대해서도 충분히 알아야 한다.

2022년에 들어서며 전 세계의 금리가 갑자기 급격한 변동을 보이기 시작했다. 이는 역사적인 대전환이 되는 사건일 수 있다. 그로인해 금리가 초 저수준에 달해 움직이지 않아서 관심을 두지 않아도 되던 시대가 끝나고 금리 변동이 다양한 분야에서 큰 영향력을 행사하는 시대가 다시 한 번 되살아나게 될것이다.

앞에서 말했듯이 금리는 원래 일반인이나 직장인에게도 필수 교양이라고 할 수 있다. 앞으로의 시대는 특히 그 정도가 더해질 것이다. 이 책에서는 그러한 관점에서 일반교양으로서의 금리 또한 비즈니스 교양으로서의 금리를 터득할 수 있도록 여러 각도에서 금리에 대해 파악해 나간다. 어디까지나 일반교양으로서의 금리를 이해하는 것을 우선시한다면 비즈니스 교양을 위해 쓴 부분표제에 ★을 표시했다은 일단 건너뛰고 읽어도 상관없다.

이 책의 구성을 간단히 소개하겠다.

CHAPTER 1은 도입부로 금리란 무엇인가에 관하여 역사적인 시점에서 설명한다.

CHAPTER 2는 금리 계산과 관련된 규칙과 방법론에 관하여 설명한다. 특히 이 장에서 다루는 복리라는 관점은 금리 계산에서 매우 중요하다.

앞에서 언급했는데 금리에는 여러 가지 종류가 있다.

CHAPTER 3에서는 금리의 종류를 여러 시점에서 바라보며 전체적인 관계를 보여준다. 일드 커브수익률 곡선라는 중요 개념도 이 장에서 등장한다.

CHAPTER 4에서는 계산에 관한 이야기가 조금 많아지는데 채권과 금리의 관계를 살펴본다. 금리 중 장기 금리라고 하는 것은 기본적으로 채권 시장에서 형성된다. 따라서 금리를 이해하려면 채권에 대해서도 반드시 이해해야 한다.

여기까지는 금리를 이해하기 위한 기초부분이다.

CHAPTER 5에서는 금리의 수준이 도대체 어떻게 정해지는지를 다룬다. 또한 금리의 수준 형성 구조를 알면 일드 커브의 모양이나 장기 금리의 수준에서 경제 및 금융 정책에 관한 여러 유익한 정보를 얻을 수 있다. 금리는 관점만 습득하면 매우 믿을 수 있는 경제학자의 역할도 완수한다.

CHAPTER 6에서는 금리가 경제나 다른 금융시장에 미치는 영향에 관해 정리한다. 환율과 주식 시세도 금리 없이 그 움직임을 이해할 수 없다.

마지막 CHAPTER 7에서는 최근 수십 년에 걸쳐 지속되어 온 저금리의 역사에 관하여 되돌아본다. 이 저금리 시대는 오랜 금리의 역사 중에서도 특이하다. 물론 이는 경제의 큰 구조 변화를 반영한 것이지만 그와 동시에 수많은 부작용도 가져온다. 그리고 현재 일어나고 있는 금리의 급상승은 앞으로 우리가 직면하게 될 세계 경제의 새로운 구조 변화를 암시한다.

금리를 아는 것은 즉 금융과 경제를 아는 것과 같다. 이 책이 많은 사람에게 그 토대를 제공하는 역할을 한다면 저자로서 매우 기쁠 것이다.

2023년 3월 다부치 나오야

목차

1

금리란 무엇인가?

2

금리를 계산하는 방법

3

금리에는 다양한 종류가 있다

4

채권 가격과 금리의 관계

5

금리는 어떻게 정해지는가?

6

금리를 알면 경제를 알 수 있다

7

제로 금리와 마이너스 금리란 무엇인가?

1

금리란
무엇인가?

도대체 금리란
무엇인가?

금리란 돈을 빌렸을 때 내는 사용료세를 말한다.

참고로 돈머니, 통화이라고 하면 현금을 생각하는 경우가 많을 텐데 실제 경제 활동에서 주고받는 돈은 대부분이 은행 예금1의 형태를 띠고 있다. 그렇기에 이 책에서도 마찬가지인데 금융 세계에서 돈이라고 하면 주로 이 은행 예금을 말하는 경우가 많으며 실제로도 대부분의 돈은 은행 예금 간의 대체로 교환이 이루어진다.

그런데 돈을 빌려주는 관점에서 보면 누군가에게 빌려주는 동

---

1 은행 예금에도 여러 종류가 있는데 당좌예금이나 보통예금 등 언제든지 결제에 쓸 수 있는 예금은 특히 돈으로서의 성질이 강하다고 할 수 있다.

안 그 돈을 사용할 수 없게 되므로 그러한 제약을 받는 것에 대한 대가가 필요하다. 또한 돈을 빌린 사람이 앞으로 정말로 빌려간 돈을 돌려줄지 불안해하면 그에 대한 위험 부담료도 필요해질 것이다. 금리는 이런 것을 보완한다.

이러한 돈의 사용료인 금리는 빌린 돈의 금액에 빌려주는 사람과 빌리는 사람이 합의한 일정한 비율을 곱해서 지급액을 계산한다. 계산의 토대가 되는 빌린 돈의 액수를 원금이라고 하며 이에 곱하는 비율을 이율이라고 한다. 엄밀히 말하자면 '금리'는 기본적으로 이 이율을 가리킨다. 그리고 원금에 이율을 곱해서 계산하는 세액은 이자라고 한다.

금리는 이 책에서도 다양하게 다루는데 개인과 기업 더 나아가 한 나라의 경제 전반에 매우 중요한 요소다. 하지만 조금 성가신 면이 있어서 가까이하기 어렵다고 느끼는 사람도 꽤 많다. 그 이유 중 하나는 금리의 계산 방법과 관련된 복잡함 때문이다. 그 점에 대해서는 다음 장에서 자세히 살펴보기로 하고 또 다른 요인으로 용어와 용법의 문제도 있다. 금리에 관한 용어, 용법에는 여러 가지가 있어서 익숙하지 않으면 '금리'가 무엇을 나타내는지 또는 다른 여러 용어와 '금리'가 어떤 관계를 이루고 있는지 쉽게 이해할 수 없는 부분이 있다.

일상적으로는 이자도 금리라고 하는 경우가 있다. 즉 이율^{이자율}

과 이자도 금리라는 말로 불릴 때가 있다. 이러한 사용법은 매우 흔히 볼 수 있어서 절대로 실수라고 할 수 없다. 다시 말해 금리에는 이율^{이자율}을 나타내는 좁은 뜻의 금리 외에 더욱 범용적인 넓은 뜻의 금리라는 용법도 있다는 뜻이다.

금리는 상황이나 사정에 따라 여러 가지 용어로 불린다는 점이 조금 더 성가시다. 예를 들면 이율, 수익률, 할인율이라는 용어가 있는데 이 또한 사실은 금리의 일종으로 쓰이는 단어다. 각각 어떤 상황에서 쓰이는지 차차 설명하기로 하고 일단은 "금리라는 단어는 이율을 나타내는 경우와 이자를 나타내는 경우가 있으며 상황이나 사정에 따라 다른 용어로 불릴 때도 있다"라는 정도로 이해하면 된다.

금리와
돈의 역사

금리의 역사는 메소포타미아 문명에서부터

금리에는 오랜 역사가 있다. 금리는 돈을 빌려 쓰고 내는 세인데 금리에 해당하는 개념 자체는 이른바 돈이 역사에 등장하기 전부터 존재한다.

여기서 말하는 돈은 '성형, 각인된 금속'이나 '금액이 인쇄된 종이' 등 사물로서의 가치와 상관없이 법률로 가치를 인정하거나 사람들이 그 가치를 믿어서 물품 및 서비스를 구입할 수 있는 기능이나 저축 등처럼 오랜 기간에 걸쳐서 가치를 보존할 수 있는 기능을 가진 것을 말한다. 돈이 등장하기 전에는 금이나 은 등의 귀금속^가 공되지 않은 것 또는 밀과 같이 보존할 수 있는 농산물 등 사물로서의 가치를 지니며 오랫동안 보존할 수 있는 상품이 거래를 매개하는 역할을 했다. 이런 것은 실물 화폐 등으로 불린다.

　가장 오래된 문명으로 보는 고대 메소포타미아에서는 이러한 실물 화폐로서 은이나 밀이 광범위하게 쓰였으며 이를 빌려주고 빌릴 수도 있었다는 사실이 알려져 있다. 유명한 함무라비 법전에는 빌려 쓸 때의 사용료 상한에 관한 규정도 기재되어 있다. 이른바 법정 상한 금리다. 참고로 그 수준은 곡물의 경우 연 33.3%, 은의 경우 20%라고 한다[2].

　함무라비 법전은 기원전 18세기에 성립되었다. 지금으로부터 대략 4천 년 정도 전이다. 메소포타미아 문명은 이웃하는 여러 문명에 영향을 줬고 수많은 것을 후세에 전한 그야말로 근원적인 문명이다. 당연히 금리를 비롯한 대부분의 금융 기능도 다른 문명에 계승되어 간다. 이를테면 고대 그리스와 고대 로마 등도 이에 포함된다. 이렇게 보면 돈 또는 돈의 기능을 하는 물건을 빌리거나 빌려주고 그에 대해 사용료를 내는 일은 여명기부터 인류의 문명에 깊이 새겨진 기본적인 경제 행위라고 할 수 있을 듯하다.

　금리는 기본적으로 돈을 빌려 쓴 대가로 내는 세이므로 돈의 역사에 대해서도 간단히 돌아보겠다.

2　《금융의 세계사(金融の世界史)》(이타야 도시히코(板谷敏彦) 저, 신초선서(新潮選書))에서.

메소포타미아의 서쪽, 지금의 터키가 있는 아나톨리아반도_{소아시아반도}에 리디아라는 나라가 있었다. 이곳에서는 당시 사금 등을 실물 화폐로 사용했는데 기원전 6세기 전설적인 큰 부자로 오늘날에도 전해지고 있는 크로이소스왕의 명령으로 금과 은의 합금을 사용한 동전이 만들어졌다고 한다. 재질이 금과 은의 합금이라서 그 자체에 가치가 있었다고도 할 수 있을 듯한데 결과적으로 자연물이 아니라 돈의 역할을 하기 위해 제조된 화폐[3]의 탄생이다.

하지만 아마 그와 비슷한 연대에 중국에서도 농기구와 칼을 본뜬 청동제의 화폐가 만들어지기 시작했다. 돈의 탄생은 어떤 특정한 기원이 하나만 있다기보다는 다양한 문명에서 다발적으로 발생하여 각각 발전해왔다고 생각할 수 있다.

지폐의 역사와 가상 통화

종이로 만든 돈, 즉 지폐는 11세기 중국 송나라 시대에 발행된 교자交子가 세계에서 가장 오래되었다. 이는 이미 유통되던 동전의 보관증으로 언제든지 지정된 동전과 교환할 수 있었는데 이 보관증이 돈 자체로 쓰이게 된 것이다.

지폐가 원래는 보관증이었다는 점이 중요하다. 오늘날의 금융

---

3 화폐는 좁은 의미로 동전 등 사물로 만들어진 돈을 가리키지만 좀 더 일반적으로는 돈이나 통화라는 넓은 의미로 쓰이는 말이 되었다.

시스템은 기본적으로 유럽이 기원인데 그 유럽에서는 17세기 스웨덴 국립은행의 전신인 스톡홀름은행이 구리와 교환할 수 있는 지폐를 발행했다. 또한 같은 시기에 영국에서는 금세공 장인골드 스미스 4이 언제든지 돈과 교환할 수 있는 보관증을 발행했으며 그 증서가 곧 지폐로 쓰이게 되었다. 이것이 훗날 잉글랜드 은행권의 원형이 되었다고 한다.

이러한 귀금속이 보증하는 지폐를 태환지폐라고 한다. 어느 나라의 통화가 태환지폐일 경우 지폐와 교환할 수 있는 금속의 종류에 따라 은본위제나 금본위제라고 부른다. 금본위제는 20세기 전반까지 수많은 나라에서 채용된 제도다.

지금의 지폐는 전 세계 대부분의 나라가 그렇지만 보증할 무언가가 없는 불환지폐다. 결국 단순히 금액이 인쇄된 종이일 뿐이다. 그럼 불환지폐가 돈으로서의 가치를 지니는 이유는 무엇일까?

이스라엘의 역사학자 유발 하라리Yuval Noah Harari는 돈은 원래 허구라고 했다. 그 말은 무의미한 존재라는 취지가 아니다. 그는 인류가 물리적인 실태가 없는 개념적인 존재로서의 허구를 쌓아 올렸고 이를 모든 사람이 믿는다는 특수한 능력을 갖춤으로써 인류가 될 수 있었다고 주장했다. 돈도 그중 하나라는 말이다. 좀 더 알

---

4 원래는 금세공 장인을 말하는데 수많은 장인이 골드 스미스라고 자칭한 탓에 현재는 성씨로 흔히 볼 수 있게 되었다.

기 쉽게 말하자면 돈이라는 존재는 모든 사람이 그 가치를 믿기 때문에 돈으로서의 가치가 생긴다는 뜻이다.

예를 들면 한국에서 유통되는 돈에는 한국은행이 발행하는 은행권지폐과 동전화폐이 있다. 정확히 말하자면 이 두 가지는 돈의 역할이 법률로 정해져 있다. 이러한 돈을 법정통화라고 한다.

하지만 아무리 법률에서 '이것은 돈으로 사용할 수 있다'라고 한들 아무도 그 가치를 믿지 않으면 역시 돈으로서의 가치가 없는 것이나 마찬가지다.

역사상 유명한 사례로 1차 세계대전 직후인 1923년 독일에서 초인플레이션이라고 하는 통제 불능의 극심한 물가 상승이 발생했다. 인플레이션은 지속적인 물가 상승을 의미한다. 반대로 디플레이션은 지속적으로 물가가 하락하는 것을 말한다. 그래서 초超를 의미하는 하이퍼를 붙인 하이퍼 인플레이션은 초인플레이션이라고도 한다.

당시 독일의 물가는 세계 대전이 일어나기 전인 1914년에 비하면 최종적으로 1조 배 정도까지 상승했다고 한다[5]. 물가 상승이란 물건의 가격이 올라가는 것을 말하는데 시점을 바꾸면 돈의 가치가 떨어지는 것과 같은 의미다. 특히 하이퍼 인플레이션은 돈의 가치를 아무도 인정하지 않게 되었을 때 발생한다. 따라서 아무리 법정통화였다고 해도 돈이 돈으로서의 가치를 확실히 유지하려면 모

---

5 《50대 사건으로 보는 돈의 역사》(홍춘욱 저, 로크미디어)에서

든 사람이 그 가치를 반드시 믿어야 한다.

　조금 상관없는 이야기지만 2022년 가상 통화와 관련된 기업이 연달아 파산하고 2021년까지 엄청난 기세로 상승한 가상 통화 가격도 뚝 떨어졌다. 이러한 일련의 사건은 가상 통화 버블의 붕괴로 기억될 가능성이 크지만, 애초에 가상 통화의 등장은 돈이란 무엇인지 생각하게 하는 알맞은 재료라고 할 수 있으므로 잠시 다루고자 한다.

　가상 통화는 암호 자산이라고도 하며 블록체인이라고 하는 컴퓨터 네트워크상의 분산형 대장에 이동 데이터가 기록되는 디지털 통화를 말한다. 어디까지나 컴퓨터상에만 존재하는 디지털 코드이며 물리적인 실태가 없다. 2009년 최초의 가상 통화인 비트코인이 탄생했고 지금은 다양한 종류의 가상 통화가 발행되고 있다.

　이러한 가상 통화의 시가 총액은 2021년 말 무렵 무려 3조 달러 정도까지 불어났다. 이만큼의 가치가 도대체 어디에서 생겨났을까?

　예를 들면 비트코인은 범죄 자금이나 탈세 자금 등을 추적하기 어렵게 하기 위한 머니 론더링money laundering 돈세탁 또는 밀거래 등에 쓰이는 경우가 있다. 그런 수상한 목적 외에도 앞서 소개한 독일의 사례로 봤듯이 하이퍼 인플레이션이 닥친 나라에서는 자국 통화의 가치가 점점 떨어진다. 따라서 그런 일을 겪지 않으려고 자국 통화를 비트코인으로 바꿔서 보유하고 싶다는 요구도 있을 것이다. 구체적으로 말하자면 미국 등에서는 극히 일부지만 가상 통화로 물건을 사거나 서비스를 받을 수도 있다. 그렇기에 실제로 통화로서의 가치가 전혀 없다는 말이 아니다.

그러나 그 사용 가치가 매우 한정적인데 그런데도 가격이 자꾸 상승한다는 것은 확실히 버블이라고 할 수밖에 없다. 덧붙이자면 이러한 가격의 급상승은 공급이 한정된 경우에 발생하기 쉽다. 비트코인 등에는 엄격한 발행 규칙이 정해져 있어서 신규 공급이 매우 한정적이다. 그것이 버블을 일으키는 요인이 되었다. 그런 점에서 가상 통화 버블은 새로운 통화의 탄생이라기보다 단순히 가격이 오르니까 구매하는 식의 버블 같은 투기 행동의 결과라는 측면이 컸다고 생각할 수 있다.

그래도 일시적인 일이었다고는 하지만 가상 통화의 시가 총액이 3조 달러까지 불어난 것은 엄연한 사실이다. 본원적인 가치의 유무와 상관없이 모든 사람이 믿으면 거기에 가치가 생겨난다는 뜻이다. 특히 통화에는 "모든 사람이 통화라고 인정하는 구조를 만들면 그것은 통화가 된다"라는 일종의 허구성이 분명히 있다. 가상 통화의 등장과 그 후의 전개는 이런 점을 다시 한번 생각하게 하는 사건이 아니었을까?

은행을 중개역으로 삼는 근대적인 금융 시스템의 성립

돈의 역사를 간단히 되돌아봤는데 오늘날 금융에서는 이 금전 거래를 중개하는 존재로 은행이 중요한 역할을 맡고 있다. 이러한 은행을 통한 금융 기능은 중세 이탈리아를 시초로 하여 정비되었다고 한다.

12세기부터 14세기에 걸쳐 지중해 무역으로 번성한 제노바와 베네치아 등 이탈리아 북부에서는 환전과 무역 금융을 취급하는 환전상이 생겨났으며 곧 나라 등을 상대로 하는 융자신용 대출 등의 업무도 처리하기 시작했다. 특히 복식 부기의 발상지라고도 하는 베네치아에서는 장부상에서 금전 거래를 기록하는 금융업자가 번성했고 그것이 오늘날 은행의 기원이 되었다고 본다. 참고로 은행을 나타내는 영어 bank는 이탈리아 환전상이 장부를 기재할 때 받침으로 사용한 긴 책상을 의미하는 banco가 어원이다.

그런데 금융 거래에 따라 발생하는 금리는 앞에서 설명한 대로 오래전부터 인류의 문명과 깊은 관련이 있는 한편, 불로소득으로 멸시당하거나 종교적인 이유로 금기시되는 일도 허다했다. 이를테면 이슬람교에서는 지금도 금리 거래를 금지하고 있다. 그러나 금리를 얻지 못하면 돈을 빌려주려고 하는 사람이 나타나지 않아서 경제 활동이 정체되고 만다. 그래서 이슬람 금융에서는 수수료와 리스물품이나 설비의 임대료라는 명목으로 금리에 상응하는 것을 주고받는다.

유럽은 기독교 문화권이지만 사실 기독교에서도 한때는 교회가 금리 거래를 금지했다. 그 때문에 중세 이탈리아 환전상이라도 오늘날 이슬람 금융과 같은 형태로 금융 업무를 처리한 사례도 있는 모양이다.

한편 중세 유럽에서는 유대인 대금업자가 많이 존재했으며 금리를 징수했다. 유대교도 원칙적으로는 금리 거래가 금기였지만 "다른 종교의 교인에게서는 금리를 받아도 된다'라고 했기 때문에 기독교인에게 돈을 빌려주는 대금업자가 수두룩했다. 금리를 일반적으로 거래하게 된 것에는 이러한 유대인 대금업자의 존재가 컸다고 생각할 수도 있다.

오늘날에도 유대인을 기원으로 하는 금융기관이나 운용회사가 수많이 존재하며 금융 세계에서 유대인의 존재감은 엄청나다. 이 또한 그러한 역사와 관련된 현상일지 모른다.

하지만 푸거Fugger 가문이나 메디치Medici 가문과 같은 유럽 초기의 거대 은행가[6]는 특별히 유대인인 것은 아니라서 르네상스기를 거쳐 기독교인들 사이에서도 점점 금리 거래가 일반화되었다고 생각할 수 있다.

금리는 패권의 변천도 좌우했다

금리는 두말할 나위 없이 금융 활동의 중심에 위치하는 존재인데 그 영향은 단순히 금융 활동의 틀 안에만 그치지 않는다.

유럽에서는 16세기에 스페인, 17~18세기에 프랑스가 대국으로

---

6 푸거 가문은 독일 아우크스부르크의 상인이며 훗날 은행업으로도 크게 번영했다. 메디치 가문은 이탈리아 북부 피렌체의 은행가로 한때 피렌체 시정을 좌지우지하며 르네상스 문화의 융성에도 커다란 영향을 주었다.

서 패권을 장악할 뻔했으나 그에 대항한 나라가 네덜란드나 영국과 같은 금융 선진국이었다. 스페인과 프랑스는 영토가 넓고 인구도 많은 대국이었다. 하지만 네덜란드는 물론 영국도 당시에는 인구가 적어서 규모로 보자면 스페인이나 프랑스와는 상당한 차이가 있었다.

그런데도 영국은 최종적으로 스페인과 프랑스를 능가하는 힘을 갖춰서 대영제국을 수립했다. 이러한 유럽 국가들이 다투던 패권의 추이에 금리가 큰 영향을 미쳤다고 한다.

스페인과 프랑스는 대국이기 때문에 수많은 전쟁에 관여하며 그 막대한 전비를 조달하기 위해서 국왕이 많은 은행가에게 빚을 냈다. 그러나 부채의 변제가 어려워지자 왕들은 이 빚을 쉽게 떼어먹는다. 대국의 왕이니까 그 정도는 이해해주리라 생각했을까? 이 떼어먹은 빚 때문에 여러 은행가가 파산에 내몰리기도 했다. 살아남은 은행가들은 언제 또 빚을 떼어먹을지 모르는 스페인 왕이나 프랑스 왕에 대한 대출을 꺼렸고 자금을 융통해줄 경우라도 높은 금리를 부과하게 되었다.

한편 원래 대국이 아니었던 영국은 1688년 명예혁명이 일어난 후 금융 선진국 네덜란드의 지원을 받아 금융 시스템과 재정 제도를 근대화했다. 이는 재정혁명이라고 불렸고 그 후의 영국이 약진하는 원동력이 되었다고 할 수 있다. 영국도 전비를 빚으로 조달해야 하는 상황은 마찬가지였다. 하지만 영국에서는 명예혁명으로 의회가 정치적인 주권을 잡기 시작하는 동시에 징세권을 뒷받침하여 나라의 빚 변제에도 책임을 졌다. 이렇게 해서 나라가 발행하는 국채라는 제도가 탄생했다. 왕의 빚이 아니라 국가가 책임을 지고 갚는 빚으로 바뀌었다는 뜻이다. 실제로 영국은 변제가 힘들어져도 어떻게든 자금을 변통해서 빚을 계속 갚았다.

그 결과 영국은 은행가와 투자가의 신뢰를 얻었기 때문에 내야 하는 금리의 수준이 크게 내려갔다. 명예혁명 이전 영국은 빚에 평균 10%가 넘는 금리를 냈다. 그런데 프랑스와 끊임없이 전쟁하던 18세기에는 그 금리의 약 절반 정도까지 금리를 낮출 수 있었다. 영국이 세계 굴지의 해군력을 정비하고 대국 프랑스에 계속 대항하며 최종적으로 일어난 나폴레옹과의 험난한 전쟁에서 이길 수 있었던 이유도 이 자금 조달력이 있었기 때문이다.

반대로 조금 전의 스페인이나 그 후의 프랑스도 금리 부담이 점점 무거워져서 결국은 필요할 때 필요한 자금을 조달하지 못한 것이 발목을 잡아서 최종적으로 승리를 거머쥐지 못했다.

또한 네덜란드는 육지가 이어진 프랑스와의 공방에 지쳐서 이러한 전쟁에서 탈락했지만 그래도 이 작은 나라가 일시적이기는 해도 세계 경제를 선도하는 국가로 크게 번영한 것은 역시 금융의 힘이 요인이었다고 볼 수 있다.

덧붙이자면 금리와는 직접적인 관계가 없지만 1602년에 설립된 네덜란드 동인도회사는 세계 최초의 주식회사로 불린다. 사실 네덜란드야말로 현대 자본주의의 창시자이며 앞에서 언급했듯이 영국이 재정혁명에서 본보기로 삼은 금융 최고 선진국이었다.

네덜란드에서 영국, 머지않아 미국으로 이어지는 세계 경제 주도권의 추이는 금융 세계 주도권의 추이와 고스란히 겹친다.

오늘날 금리의 추이

역사에 관한 이야기의 마지막으로 오늘날 금리의 대략적인 변천 과정도 살펴보겠다. 도표 1-1은 세계 금리에 커다란 영향을 주는 존재인 미국의 금리와 함께 일본 금리의 추이를 나타낸 것이다.

데이터 : 일본 재무성, yahoo! Finance

도표 1-1 미일 10년물 국채 이율 추이 (1962-2022)

CHAPTER 3에서 살펴볼 텐데 금리에는 여러 가지 종류가 있으며 여기에서는 둘 다 10년물 국채 이율이라는 금리를 표시했다.

단기간에는 그다지 큰 변화를 보이지 않는 인상이 강한 금리지만 긴 안목으로 보면 그 수준이 꽤 크게 변동한다는 사실을 알 수 있다.

주목해야 할 점 중 첫 번째는 미국의 금리가 1970년대부터 1980년대 초에 걸쳐 크게 뛰어오르는 부분이다. 1970년대에는 두 번의 석유 파동을 거쳐 인플레이션 시대가 도래했다. 인플레이션은 한번 뿌리내리면 좀처럼 안정을 찾지 못해서 오히려 점점 높아지기 쉽다. 또한 손 쓸 방법이 없는 인플레이션이 발생하면 생활과 경제도 큰 타격을 입는다. 그래서 그런 인플레이션을 없애기 위해서 미국에서는 1979년 무렵부터 유례없는 규모의 금융 긴축 정책이 발동되었다.

당시 미국의 중앙은행 총재에 해당하는 FRB 의장으로 폴 볼커Paul Adolph Volcker라는 사람이 취임했는데 인플레이션과 철저하게 싸우는 모습에서 '인플레 파이터'라고 불렸다. 그의 과격한 금융 정책은 전 세계에 영향을 끼쳤고 세계 동시 불황으로 불리는 혹독한 경기 후퇴를 불렀지만 그래도 폴 볼커는 인플레이션 퇴치에 매진했다. 그 결과 1980년대 중반 이후 겨우 인플레이션이 가라앉았고 안정을 되찾았다.

이 시기는 미국과 세계 경제에도 힘든 시대였다. 그래도 이때 인플레이션을 없앤 덕택에 1990년대에는 인플레이션 압력이 점점 감소하는 디스인플레이션 시대를 맞이하며 미국 경제는 순조로운 성장을 이뤘다.

또 하나 주목해야 할 점은 1980년대 중반 이후 단기적인 물가 변동은 물론 있었지만 기조적인 경향으로는 금리가 계속 내려갔다는 점이다. 이 부분에 관해서는 뒤에서 다시 다루겠지만 경제의 세계화, 디스인플레이션 등 세계 경제에서의 경제 구조가 크게 변화해가며 금리가 계속 떨어지는 시대가 오랫동안 지속되었다.

그리고 2022년 금리가 완전히 바뀌어 급상승해서 최근의 상황은 어쩌면 약 40년 동안 지속된 장기적인 금리 저하 경향이 마침내 뒤바뀌었다고 보고 있다. 만약에 그렇다면 이는 세계 경제의 새로운 구조 변화를 암시하는 것이 아닐까?

아무튼 커다란 금리 변동 추세의 배후에는 경제 구조의 큰 변화가 반드시 동반한다. 따라서 금리의 역사를 아는 것은 경제 구조가 변천하는 역사를 아는 것과 다름없다.

참고로 금리는 나라, 통화에 따라 수준에 차이가 있는데 변동 방향성이라는 의미에서는 전 세계적으로 연동해 움직이는 경향이 강하게 보인다. 또한 그 중심이 미국의 금리다. 미국을 기점으로 하는 세계적인 금리 변동의 굴곡에 각국의 독자적인 요인이 더해져서 각 나라의 금리 수준이 움직인다.

일본도 기본적으로는 최근 약 40년 동안 장기적인 금리 저하 추세를 경험했다. 그리고 거기에는 일본의 독자적인 사정도 반영되었다.

일본은 1990년대에 버블이 붕괴한 이후 경제 성장률이 크게 떨어졌다. 또 버블 붕괴와 함께 주식이나 부동산 등 자산 가격의 하락도 원인이 되어 디스인플레이션을 넘기고 디플레이션 위기에 직면하게 된다. 이에 대해 금융 당국은 버블이나 인플레이션 압력이 다시 문제시되는 것을 우려했다. 그 때문에 금융 완화가 뒤처지는 바람에 그것이 이른바 '잃어버린 20년'으로 불리는 경제의 장기 정체를 부르는 원인이 되었다고 한다.

그러는 동안 금리는 일본 경제의 장기 정체를 걱정하듯이 크게 떨어진다. 하지만 일본의 경우는 원래 금리 수준이 낮은 점도 있으나 비교적 이른 단계에서 금리가 0% 근처까지 떨어져 그때부터는 쉽게 떨어지지 않게 되었다.

한편 최근 미국의 금리 상승도 일본의 금리는 그다지 크게 뒤따르지 않는다. 이 점에 관해서도 뒤에서 자세히 설명하겠지만 역시 일본 경제와 금융 정책의 독자성에 따른 점이 큰 영향을 미쳤다.

이처럼 일본의 금리 수준은 미국을 기점으로 한 세계적인 금리 변동과 궤를 같이하여 움직이며 거기에 일본의 독자적인 요인이 더해져서 형성되어 간다. 따라서 일본의 금리를 이해하려면 그 양면에서 살펴봐야 한다.

한국의 기준금리는 1999년부터 산출이 시작됐다. 2008년 2월까지는 콜금리 목표 금리를 기준으로 한다. 2008년 3월부터는 한국은행 기준금리를 나타낸다. 한국의 기준금리의 경우 장기적으로는 미국의 기준금리를 따라가는 경향이 있다. 금리를 내리는 시기나 올리는 시기가 비슷한 것이다. 2020년까지는 장기적 하락 추세를 보였다. 그러다 2020년 코로나19로 제로금리정책을 펼친 뒤 인플레이션이 심해지자 2021년 8월부터 기준금리 인상을 시작했다.

미국보다 먼저 기준금리 인상을 시작했으나 기준금리 인상을 먼저 멈췄다. 3.5%에서 기준금리 인상을 멈춘 반면 미국은 5.25%~5.5%까지 인상을 했다.

금리의 역할
세 가지

이미 언급했듯이 금리는 돈을 빌려 쓰고 내는 세인 이자를 계산하기 위해 사용된다. 이는 금리의 가장 기본적인 용법이라고 할 수 있다. 그러나 그 외에도 금리에는 중요한 역할이 있다.

예를 들면 은행이 누군가에게 돈을 빌려줄지 말지를 판단할 때 어느 정도의 금리로 빌려줄 것인지가 중요한 판단 재료로 쓰인다. 당연히 은행은 최대한 높은 금리로 빌려줘야 좋다. 금리가 높으면 그만큼 은행의 수익이 늘어나기 때문이다. 즉 금리는 돈을 빌려주는 쪽에게는 수익성을 판단하는 기준이 된다.

여기서 간단한 수식을 소개하겠다. 수식을 보면 골치가 아파지는 사람이 꽤 많을 테지만 금리를 이해하려면 어떻게든 최소한의 계산이 필요하다. 그렇다고 해도 여기에 등장하는 수식은 매우 단순하니 일단은 안심하기 바란다.

먼저 이자는

$$원금 \times 금리(이율) = 이자$$

라는 형태로 계산할 수 있다. 실제 계산에서는 어느 정도의 기간에 걸쳐서 이자를 계산할 것인가에 대한 정보가 필요하다. 하지만 여기에서는 개념을 이해하는 것에 중점을 뒀으므로 일단 기간은 무시하겠다. 그럼 여기서 원금과 이자의 금액을 안다고 치고 금리이율를 역산하는 식으로 바꿔 보자.

$$금리(이율) = \frac{이자}{원금}$$

이를 뭔가에 투자하는 투자가의 입장이 된 경우의 일반적인 용어를 사용해 바꿔 보면 다음과 같이 나타낼 수 있다.

$$수익률 = \frac{수익}{투자액}$$

수익률은 투자한 금액과 이를 통해 앞으로 얻을 수 있는 수익을 안다고 치고 그 비율을 계산한 것이다. 투자해야 할지 말지를 결정하기 위해 수익성의 높낮이를 판단하는 지표가 된다. 이를테면 이후 여러 번 등장하는 채권은 기업이나 나라가 돈을 빌리기 위한 중요한 수단인데 일반적으로 장래에 얻을 수 있는 수익의 금액을 미리 알 수 있다. 그래서 투자가는 그 채권에 투자하면 충분한 수익성을 얻을 수 있는지 수익률을 계산해서 판단하는 것이다. 이 수익률을 특히 채권의 경우에는 이율이라고 한다.

채권 이율은 채권 투자의 수익성을 판단하는 목적으로 계산되는 금리의 일종이다. 따라서 채권 이율을 금리라고 바꿔 말할 수도 있다.

참고로 수익률 계산은 주식 투자든 회사의 사업 계획이든 똑같이 적용할 수 있다. 그런 경우에도 수익률을 이율이라고 바꿔 말할 수는 있다. 이율이라는 말은 명확한 정의가 있는 것은 아니라고 해도 그 수익률 계산이 어느 정도의 정확도를 가진 경우에 쓰일 때가 많은 듯하다. 그래서 수익률을 높은 정확도로 계산할 수 있는 채권의 경우에는 수익률을 이율이라고 하며 또 이를 금리라고 바꿔 말할 수도 있다.

앞서 설명한 금리 계산식은 또 다른 방식으로 변환할 수 있다. 외우지 않아도 전혀 상관없기에 식으로 나타내지는 않겠지만 장래에 얻을 수 있는 수익의 금액과 금리를 알면 원금을 계산할 수 있다는 것이다. 원금은 계산하지 않아도 당연히 안다고 생각할 수 있는데 이 원금을 가격으로 바꿔 보기 바란다. 그렇게 하면 장래에 얻을 수 있는 수익액을 알고 목표로 하는 수익률이 있다고 했을 때 그 두 가지에서 어느 정도의 가격에 투자하면 좋은지 알 수 있다. 이것이 금리의 세 번째 역할이다.

예를 들어 어떤 일정한 금리 수준일 때 그 금리를 사용하면 채권과 같은 금융 상품의 알맞은 가격을 계산할 수 있다. 또는 임대용 부동산에 투자할 때 예상되는 임대료와 목표로 해야 할 수익률에서 투자해야 할 금액을 계산할 수 있다. 이는 일반적으로 현재 가치 계산이라고 한다. 그리고 이 계산에 쓰일 때의 수익률이나 금리를 할인율이라고 한다.

이 책에서는 이 할인율이 등장할 기회가 별로 없다. 그러나 좀 더 전문적인 금융 실무에서는 매우 중요한 금리 사용법이다. 따라서 금리에는 ① 이자 계산, ② 투자 대상의 수익성 판단, ③ 투자 대상에 투자해야 하는 가격의 계산이라는 역할이 있다는 사실을 알았다. 여기에서는 간략하게 설명해서 머릿속에 그리기 어려울 수 있다. 자세한 설명은 차차 하겠으니 일단은 "금리에는 여러 가지 사용법이 있다"라고 이해하면 될 것이다.

금리는 단순해 보이지만 대단히 중요하다

일반적으로 금리는 매우 단순해 보이는 인상을 준다. 그 이유는 여러 가지인데 첫째로 이율로서의 금리가 매우 작은 값을 취급한다는 점이 있다. 예를 들면 일본의 10년물 국채 이율이라는 금리는 약 0.5%다. 한국의 10년물 국채 금리는 2023년 12월 7일 기준 약 4%를 기록했다. 0.5%를 실수로 표기하면 0.005로 값이 매우 작다. 왠지 엄청 좀스러운 느낌이 든다. 둘째로 생각할 수 있는 이유는 금리가 경제 뉴스 등에서 다뤄지는 일이 비교적 드물다는 점이다. 하지만 이런 점은 금리가 중요하지 않다는 이유가 되지 않는다.

먼저 취급하는 숫자가 작다는 점은 어디까지나 비율로 본 경우이며 금액 면에서도 작은 것은 아니다.

일반적으로 개인은 주택 자금 대출을 통해 금리에 가장 많이 연관되어 있을 것이다. 주택 자금 대출의 평균 차입액은 신축 건물의 경우 대체로 3천만 엔 정도다. 이율 자체가 낮아도 원금이 크면 이자액도 반드시 무시할 수 없다.

또한 앞에서 일본 국채의 이율에 관해 말했는데 이쪽도 역사적으로 낮은 수준을 기록하고 있지만 국채 발행 잔고는 1천조 엔 정도나 있다. 주식 시장의 시가 총액은 시기에 따라 많은 변동을 보이는데 대략적으로 말하자면 700조 엔 정도다. 그와 비교해도 금리가 크게 관여하는 채권 시장의 규모가 얼마나 거대한지 알 수 있다. 그렇게 하면 역시 금액으로서의 금리도 나름대로 크다.

다시 말하자면 금리는 시기에 따라 수준이 크게 변화한다. 지금의 일본은 초저금리가 지속되고 그것이 금리에 대한 관심을 낮추는 원인이 되기도 하지만 언제까지나 그렇다고 할 수는 없다.

한국의 경우 2022년 12월 말 기준 국채 발행 잔고는 2464조원 정도다. 주식시장의 시가총액은 2087조 정도로 국채 규모가 400조 정도 더 많다.

예를 들어 보면 앞에서도 언급했듯이 2022년 미국에서는 금리가 엄청나게 상승했다. 변제까지의 기간이 30년인 주택 자금 대출 금리는 연초 3% 남짓이었는데 10~11월에는 7% 이상까지 올랐다. 이에 따라 가계에 미친 영향은 막대하다. 같은 기간의 미국 10년물 국채 이율을 보면 1.5% 정도에서 최고 4.2% 정도까지 올랐다. 미국 국채 발행 잔고는 엔으로 환산하면 대략 3천조 엔이 넘는 규모이므로 이만큼의 금리 변동에 따른 영향은 역시 매우 커진다. 그렇기 때문에 이 미국의 금리 상승이 현재의 세계 경제를 크게 뒤흔드는 요인이 되었다.

다음으로 경제 뉴스에서 그다지 다루지 않는 이유에 관하여 설명하겠다. 이 점은 요즘의 미국과는 이야기가 조금 모순되는데 주식 시세나 환율과 비교하면 금리는 보통 별로 크게 변화하지 않는다는 점이 있다. 그래서 뉴스성이 낮다. 결과적으로 미디어에서도 주식 시장에 비해 금리를 자세히 아는 기자가 줄어들어 점점 더 보도하지 못하게 된다.

물론 앞에서 말한 미국처럼 금리가 보기 드물게 급변동하면 경제적으로는 큰 뉴스가 된다. 하지만 평소에 금리에 관해 보도하지 않는 탓에 다루려고 해도 어딘가 모르게 벌벌 떨어서 조금 모호한 내용도 많다. 뉴스를 보는 쪽에게도 "금리 뉴스는 왠지 잘 모르겠다"라는 인상이 퍼지기 쉽다.

따라서 금리와 관련된 단순함이나 어떤 의미에서의 시시함은 금리의 중요성이 낮은 점에서 유래된 것이 아니라는 말이다. 오히려 매우 중요한데 왠지 모르게 금리를 꺼리기 쉽다. 그러므로 그 금리를 이해하면 지금까지 보이지 않았던 여러 가지가 보이기 시작할 것이다. 다음 장에서부터는 이를 위한 구체적인 이야기를 하기로 하겠다.

금리를
계산하는
방법

금리에 관한
다양한 규칙

금리에는 다양한 규칙이 있다. 조금 번거롭지만 꼭 파악해 두어야 하므로 잠시 읽어주기 바란다. 먼저 표시 방법에 관하여 설명하겠다.

금리이율는 실제로 이자를 계산하는 기간이 얼마인가에 관계없이 1년당 퍼센트로 표시하는 것이 기준이다. 이자를 계산하는 기간이 하루든 3개월이든 10년이든 상관없이 이율로서의 금리는 연당 비율로 표시한다. 이는 다른 거래나 상품과 쉽게 비교할 수 있게 하기 위함이다. 같은 기간을 기준으로 모아놓으면 다른 기간의 거래나 상품이라고 해도 금리의 높낮이를 비교할 수 있다.

수많은 금융 거래는 비교적 거래 기간이 긴 것이 비일비재하므로 '하루'보다 '연당' 기준이 실용적이다. 어쨌든 일반적으로 쓰이고 있으며 많은 사람이 익숙해 하는 표시 방법을 사용하는 것이 가장 좋다. 그런 의미에서는 표시 단위를 퍼센트를 사용해야 쉽게 이해할 것이다.

그런데 연율을 퍼센트로 표시하게 되면 실제 이자액을 계산할 때는 계산 기간을 고려해야 한다. 예를 들면 원금 100만 원, 이자 계산 기간 6개월, 금리 5%로 이자액을 계산해 보자. 원금에 이율을 곱하기만 하면 1년 치 이자를 계산해 버리므로 이를 6개월 치로 해서 계산해야 한다. 6개월을 1년의 2분의 1이라고 생각하면

$$100만 원 \times 5\% \times \frac{1}{2} = 25{,}000원$$

으로 계산할 수 있다. 참고로 이자는 당연히 이자를 낼 때마다 계산한다. 돈을 빌리는 기간이 10년이라고 해도 6개월마다 이자를 낸다고 약속했다면 6개월마다 계산해야 한다.

여기서 조금이라기보다 실제로는 엄청 귀찮은 일인데, 식에서 음영으로 표시한 부분에 해당하는 이자 계산 기간을 계산하는 방법은 매우 다양하다. 특히 통화나 거래가 이뤄지는 장소에 따라 관행이 된 계산 방법이 달라서 이를 확실히 확인해 놓지 않으면 정확한 이자액을 계산할 수 없다. 이 책에서는 그 방법을 일일이 자세하게 다루지는 않지만 대표적인 계산 방법 몇 가지만 살펴보겠다.

앞에서 설명한 사례처럼 6개월이라서 단순히 2분의 1로 한다는 계산 방법은 실제로도 채권 이자 계산에서 비교적 흔히 볼 수 있는 방법이다. 하지만 채권 이외, 즉 대체로 금전 대차의 경우 이자 계산 기간의 실제 일수를 365로 나누는 방법이 가장 일반적이다. 일반적으로는 'A/365', 'Act/365' 등으로 표기되는 계산 방법이다[1]. 이 표기 속의 A나 Act는 실제 일수를 뜻하는 Actual days의 약자다.

실제 일수를 사용해 계산하려면 이자 계산 기간의 시작일과 종료일의 날짜 정보가 필요하다. 그리고 그 날짜 사이의 일수를 센다. 2022년 3월 22일부터 2022년 9월 22일까지를 예로 들면 일수는 184일이다. 실제로 세는 것은 힘들지만 엑셀 등 날짜 함수 기능을 갖춘 계산 소프트웨어를 사용하면 단지 '이자 계산 기간 종료일-이자 계간 기간 시작일'로 빼기만 하면 된다. 이 경우 이자액의 계산은 연일수를 365로 하면

$$100\text{만 원} \times 5\% \times \frac{184}{365} = 25{,}205\text{원}$$

이 된다. 덧붙이자면 이자액을 계산해 우수리가 생긴 경우에는

---

1 채권에서 흔히 사용되는 '6개월이라면 2분의 1'이라는 단순한 계산 방법에서도 실제로는 단수 기간이 발생하면 어떻게 계산하느냐와 같은 세세한 규정에 따라 여러 가지 다른 계산 방법이 존재한다. 또한 이자 계산 기간의 실제 일수로 계산하는 방법에서도 분모가 되는 연일수 부분을 윤년에 상관없이 '365'로 고정해서 계산하는 방법이나 윤년의 경우에는 '366'으로 계산하는 방법, 또는 무슨 이유인지 항상 '360'으로 계산하는 방법 등 다양한 계산 방법이 있다.

원 미만을 잘라 버리는 것이 관행이다.

여기서 설명한 이자 계산 일수의 계산은 한편 넣기라고 한다. 6개월이면 이해하기 어려우니 이자 계산 기간 시작일이 9월 21일이고 종료일이 9월 22일이라고 해서 살펴보자. 이 이자 계산 일수를 1일로 세는 것이 한편 넣기다. 시작일과 종료일 중 한쪽만 계산에 넣는다는 뜻이다. 이에 비해 매우 드물게 양편 넣기라는 계산 방법도 있다. 시작일과 종료일을 함께 세서 총 2일로 세는 방법이다.

돈을 9월 21일에 빌리고 다음 날인 22일에 갚는다고 하면 돈을 빌린 기간은 일반적으로 생각하면 당연히 1일이다. 돈을 빌려준 사람의 경우 돈을 빌려준 21일에는 그 돈을 쓸 수 없지만 22일에는 돈이 돌아오므로 쓸 수 있다. 그래서 보통은 금리 1일치를 받으면 될 것이다. 그렇게 생각하면 한편 넣기가 일반적인 계산 방법이고 양편 넣기는 금리 1일치를 중복해서 계산하게 된다.

자질구레한 규칙의 마지막은 후불과 선불이다. 기본형은 후불이다. 금리는 일정 기간 돈을 빌리는 것에 대한 세인데 그 빌린 기간이 끝난 시점에 내는 것이 후불이다. 돈을 빌리는 기간이 길 경우에는 만기까지 기다리면 미지급된 이자가 점점 쌓이므로 보통은 6개월마다 지급하듯이 정기적으로 지급일을 정해 놓는다. 그리고 6개월이라면 6개월이라는 기간마다 이자를 계산해 이자 계산 기간의 종료일에 지급한다.

하지만 이에 관해서도 보기 드물게 선불이라는 방법을 선택할 때가 있다. 이자 계산 기간 시작일에 이자를 지급하는 방식이다. 이 선불 방식은 일반적인 후불 방식에 비해 빌려주는 사람에게 유리하며 빌리는 사람에게 불리한 지급 방식이다. 돈을 빌리는 사람에게는 내는 금액이 같더라도 선불의 경우 예산을 앞당겨서 지급 금액을 준비해야 하기 때문이다.

양편 넣기도 그랬지만 이러한 계산 방법, 지급 방법을 실제로 볼 기회가 있으면 그 점에 충분히 주의해야 한다.

단리와
복리

금리 계산에는 앞에서 다룬 다양한 규칙 외에도 좀 더 본질적인 것으로서 단리와 복리라는 크게 다른 방법이 있다.

단리는 지금까지 설명한 계산 방법인데 원금에 이율과 계산 기간을 곱해서 이자를 계산하는 매우 일반적인 방법이다. 이에 비해 복리는 앞으로 살펴볼 텐데 조금 특수한 방법으로 계산한다.

세상에서 종종 보는 금융 거래나 금융 상품의 금리 계산은 대체로 단리다. 일부 은행에서 제공하는 복리형 정기예금이나 유초은행우체국은행의 정액 우편 저금 등은 복리 방식으로 이자를 계산하는데 이런 종류는 조금 예외적인 계산 방법이라고 해도 좋다.

한국의 경우 복리 상품의 개수보다 단리 상품의 개수가 많다. 복리 상품이라 하더라도 매월 납입 총액을 제한하거나, 카드 사용이나 보험 가입 등의 실적을 요구하는 경우도 있다. 따라서 가입시 자세한 약관 확인이 필요하다.

한편 1장에서 설명했듯이 금리는 이자를 계산할 뿐만 아니라 수익성을 평가하거나 금융 상품의 알맞은 가격을 계산하는 기능도 갖추고 있다. 이자를 계산할 때는 어디까지나 단리가 주류인데 수익성을 평가하거나 알맞은 가격을 계산하는 경우에는 사실 복리 방식으로 계산할 때가 많다. 그 이유는 나중에 설명하겠지만 금리 사용 방법을 확대해 나갈 때 복리 방식을 반드시 이해해야 한다.

복리는 쉽게 말하자면 '일정 기간으로 계산하는 이자를 그대로 내지 않고 계산상의 원금에 더해 이를 토대로 다음 기간의 이자를 계산하기'를 반복하는 계산 방법이다. 이자는 누적으로 계산해 보통은 원금을 갚을 때, 즉 만기 시에 일괄적으로 지급된다. 구체적인 수치로 예를 들어 살펴보겠다.

원금 100만 원을 기간 3년, 이율 5%로 빌리고 이자는 1년마다 복리로 계산한다고 하자. 복리로 계산하면 이 경우의 '1년마다'와 같이 복리로 계산하는 일정 기간을 미리 정해 놓아야 한다. 이 수치 사례의 경우 처음 1년 동안의 이자는 이자 계산 기간을 단순히 1년로 하면

$$1,000,000원 \times 5\% \times 1 = 50,000원$$

으로 계산할 수 있다. 여기까지는 단리와 별 차이가 없다. 차이는 이제부터 생긴다. 이 1년차의 이자 5만 원은 지급되지 않고 다음 1년 동안 계산상의 원금에 더해진다. 따라서 2년차의 이자는

$$1,050,000원 \times 5\% \times 1 = 52,500원$$

이 된다. 이 2년차의 이자도 실제로는 지급되지 않고 다음 1년 동안 계산상의 원금에 더해진다. 따라서 3년차의 이자는

$$1,102,500원 \times 5\% \times 1 = 55,125원$$

이다. 그리고 3년 후 만기 시점에서 이 3년 치 이자의 합계 금액 157,625원이 지급된다. 단리라면 이자액은 단순히 5만 원이 세 번으로 총 15만 원이지만 복리라면 이자 총액이 조금 늘어난다.

계산이 귀찮게 느껴질 수 있는데 실제로는 좀 더 쉽게 계산할 수 있다. 지금의 사례에서는 처음 1년 동안 초기 원금인 100만 원이 1년 후에 이자 5만 원을 포함해 105만 원으로 늘어났다. 비율로 하면 1.05배가 되었다. 또 다음 1년 동안도 기간 초의 계산상 원금 105만 원이 1년 후에는 110만 2,500원으로 늘어나는데 역시 1.05배다. 마지막 1년도 마찬가지다. 다시 말해 원금과 이자를 합한 금액원리합계 금액이 1년마다 1.05배가 된다. 그래서 3년 후 원금과 이자를 합한 총액은 초기 원금에 1.05배를 세 번 곱한 금액이 되는 것

이다.

$$1,000,000원 \times 1.05 \times 1.05 \times 1.05 = 1,157,625원$$

이 합계 금액에서 초기 원금 100만 원을 빼면 앞서 말한 이자 합계 금액을 계산할 수 있다.

여기에서의 1.05는 (1+이율)일 뿐이므로 이율을 r, 만기까지의 연수를 n으로 나타내면 이 계산은 다음과 같은 일반적인 식으로 나타낼 수 있다.

$$초기\ 원금액 \times (1+r)^n = 만기\ 시의\ 원리합계\ 금액$$

여러 가지
복리★

앞에서는 1년마다 복리로 계산하는 사례를 설명했다. 이를 1년 복리라고 한다. 그러나 복리로 계산하는 기간이 1년이어야 한다는 경우는 없다. 앞에서 말한 정기예금 등에서는 6개월마다 복리로 계산하는 반기 복리라는 계산 방식이 도입되고 있다. 6개월은 단순히 1년의 2분의 1이라는 방식으로 계산하면 6개월 치 이자는

$$\text{원금} \times \boxed{\text{이율} \times \frac{1}{2}}$$

로 계산할 수 있다. 원금과 이자의 합계 금액으로 생각하면 6개

월 동안 초기 원금에 음영 부분이 더해지므로 $\left(1 + \text{이율} \times \dfrac{1}{2}\right)$ 배로 늘어난다. 1년으로 계산하면 이를 두 번 곱하는 (즉 2제곱)이 되며 3년으로 계산하면 여섯 번을 곱하는 (즉 6제곱)이 된다. 따라서 반기 복리로 계산한 만기 시의 원리합계 금액은

$$\text{초기 원금액} \times \left(1 + r \times \frac{1}{2}\right)^{2n} = \text{만기 시의 원리합계 금액}$$

으로 계산할 수 있다. 좌변 r에 곱하는 2분의 1의 '2'와 괄호 밖의 n에 곱하는 '2'는 둘 다 1년에 몇 번을 복리로 계산하는가에 대한 횟수를 나타낸다. 반기 복리의 경우에는 1년에 두 번을 복리로 계산하므로 '2'다.

따라서 복리 계산은 1년 동안 실시하는 복리 계산 횟수를 m으로 해서 좀 더 일반화한 다음의 식으로 나타낼 수 있다.

$$\text{초기 원금액} \times \left(1 + r \times \frac{1}{m}\right)^{mn} = \text{만기 시의 원리합계 금액}$$

1개월마다 복리로 계산하고 싶다고 예를 들어 보면 m에 12를 대입해 계산하면 된다는 뜻이다.

이제부터는 조금 수준 높은 이야기를 할 것이므로 관심이 별로 없

는 사람은 건너뛰고 읽어도 상관없다. 하지만 이 연당 복리 횟수 m을 점점 늘려서 무한대에 가까워질 수도 있다. 복리 횟수가 무한대에 가까워진다는 말은 순간순간 연속적으로 복리를 계산하는 느낌이다.

조금 비현실적인 계산 방법처럼 느껴질 수 있는데 이는 어디까지나 그렇게 계산하겠다는 규칙의 문제이기에 그렇더라도 문제는 없다. 또한 그렇게 하면 계산이 훨씬 편해지기 때문에 현실 세계는 별도로 하고 학문의 세계 등에서는 매우 흔하게 쓰인다. 여러분이 앞으로 금융 이론을 본격적으로 공부한다면 아마 연속 복리라고 하는 이 복리 계산 방법을 자주 보게 될 것이다.

그런데 m을 무한대에 가깝게 했을 때의 $\left(1+r\times\dfrac{1}{m}\right)^{mn}$ 은 '자연로그의 밑'이나 '네이피어의 수'라고 하는 미스터리한 수 e를 사용해 e^{rn}으로 계산할 수 있다. e가 도대체 무슨 값인지 말로 설명하기는 어렵지만 구체적으로는 2.71828⋯⋯이라는 정수다. 원주율 π와 나란히 수학의 세계에서는 어쩐지 다양한 상황에서 등장하는 신기한 숫자인데 이를 사용하면 수식을 궁리해서 복잡한 계산을 할 때 계산이 엄청나게 쉬워지기도 한다.

애초에 2.71828⋯⋯의 mn 제곱이 오히려 계산하기 귀찮을 수 있지만 엑셀 등에서는 전용 함수2가 마련되어 있으니 실제로는 매우 쉽게 계산할 수 있다.

---

2 e^x는 엑셀의 EXP 함수를 사용해 '=EXP(x)'로 입력하면 계산할 수 있다.

복리의
마법

복리의 계산 방법은 자산 운용 세계에서도 매우 중요하다. '복리로 운용한다'라고 하면 하나의 투자 대상에 최대한 장기적으로 계속 투자하고 도중에 발생한 이자와 배당 또는 매각익賣却益, 상품을 장부 가격보다 비싸게 팔았을 때의 이익 등의 수익도 그때마다 투자 원금에 더해서 재운용에 쓰는 방법을 의미한다. 이에 비해 도중에 발생하는 수익을 발생할 때마다 찾아서 소비하는 방식은 결국 단리로 운용하는 것과 같다.

미국에 워런 버핏이라는 매우 유명한 주식 투자가가 있다. 한평생 수백조 원에 달하는 자산을 쌓아 올린 세계 최고의 부호이며 투자가로서는 아마 세계에서 가장 유명한 인물일 것이다. 그는

60~70년에 걸쳐서 연평균 20여%의 투자 수익을 올렸다고 하는데 여기서 '복리로 운용한다'는 방식이 중요하다. 다시 말해 장기적으로 투자하고 도중에 발생한 수익은 재운용에 쓴다는 뜻이다.

배당 수입이나 주식 매각익에는 세금이 발생하기 때문에 실제로는 완전한 복리 운용을 할 수 없다. 하지만 보유하는 주식의 주가가 올라도 계속 보유한 채로 두면 세금이 더해지지 않으므로 가능한 한 장기간 주식을 보유하면 세금을 절약할 수 있다. 또한 세금 외에는 최대한 자금을 찾지 말고 수익이 발생할 때마다 다시 투자한다.

여기에서는 세금을 무시하고 연당 25%의 수익이 올라서 이를 60년 동안 전부 복리로 운용했다고 하면 초기 원금이 얼마나 늘어날지 생각해 보겠다.

그 해답은 앞에서 설명한 복리 계산으로 쉽게 구할 수 있다. 초기 원금의 $(1+0.25)^{60}$배가 된다. 실제로 계산해 보면 65만 2,530배다. 초기 원금이 100만 원이라면 60년 후에는 무려 6,500억 원 정도까지 늘어난다.

워런 버핏의 실제 자산액은 그보다 더 많으므로 아마 투자 원금이 좀 더 컸겠지만 아무튼 엄청난 숫자다. 복리 운용을 오랫동안 지속하면 급이 다른 엄청난 성과가 나온다. 워런 버핏은 이를 '복리의 마법'이라고 부른다.

물론 연평균으로 20여%의 수익을 몇십 년에 걸쳐서 계속 올리는 것 자체가 너무나도 어렵다. 그러나 실은 이동안 미국의 주식 시세 전체가 평균적으로 연 10% 정도의 수익을 만들어냈다. 그래서 지금 예순 살의 일반 미국인이 40년 전, 스무 살 때 100만 원을 주가지수에 연동해 투자해서 복리로 계속 운용했을 경우 단순 계산하면 그것만으로 45배인 4,500만 원 정도까지 자산이 늘어났다는 계산이 나온다.

워런 버핏과 비교하지만 않으면 이는 차고 넘칠 정도로 큰 성과다. 복리의 마법은 워런 버핏과 같은 특별한 투자가뿐만 아니라 매우 평범한 사람이라도 충분히 혜택을 얻을 수 있다.

복리의 마법은 어떤 의미에서 당연하지만 1년당 수익률이 높고 운용 기간이 길수록 그 효과가 뚜렷하게 나타난다. 1년당 수익률이 12%라고 예를 들면 초기의 100만 원은 40년 후에 9,300만 원으로 10%일 때와 비교해서 자산액이 두 배 이상으로 늘어난다. 운용 기간이 50년일 경우 연 10%라도 1억 1,700만 원, 12%라면 2억 8,900만 원이다. 사소한 차이가 매우 큰 성과의 차이를 만드는 점도 복리의 마법과도 같은 점이라고 할 수 있겠다(도표 2-1).

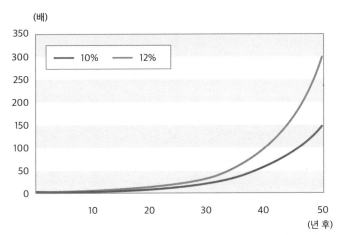

도표 2-1 연간 수익률이 10%와 12%로 복리 운용을 지속하면 원금이 몇 배가 될까…

3

금리에는 다양한 종류가 있다

정책 금리, 시장 금리, 기타 금리

한마디로 '금리'라고 해도 실제로는 종류가 다양하다. 그렇기에 어떤 금리에 관한 이야기인지 모르면 말이 전혀 안 통하는 경우가 생긴다. 이 장에서는 여러 측면에서 어떤 금리가 있는지 살펴보기로 하겠다.

먼저 누가 어떻게 결정하는 금리인가라는 측면에 따른 분류다.

이를테면 예금 금리나 주택 자금 대출 금리는 누가 정할까? 그러한 금융 서비스를 제공하는 금융기관이다. 다시 말해 이 금리들은 금융기관이 일률적으로 정한 금리를 이용자가 받아들여서 성립되는 금리라고 할 수 있다.

그런데 금융기관이 정한다고 해도 기본적으로는 각각의 금융기관이 자신의 형편에만 맞춰서 마음대로 정할 수 있는 것은 아니다. 이용자는 여러 금융기관이 제시하는 금리를 비교해 그중에서 고를 수 있다. 그래서 이용자에게 현저히 불리한 금리를 제시하는 금융기관은 아무리 지명도가 높고 서비스가 좋은 금융기관이라고 해도 이용하는 사람이 줄어들어 부득이하게 조건을 개정해야 한다. 반대로 이용자에게 지나치게 유리한 금리를 제시하는 금융기관은 경영이 유지되지 않을 것이다.

다음으로 기업 등이 은행에서 돈을 빌리는 경우는 어떨까? 이런 사례에서는 일률적이 아니라 안건마다 금리가 정해진다. 특히 이용자가 대기업이라서 협상 능력이 강하면 이용자 쪽의 의향도 강하게 반영된다. 경우에 따라서는 여러 금융기관을 경쟁하게 해서 조건이 가장 좋은 곳을 선택하기도 한다. 하지만 이것도 기본적으로는 서비스 제공자인 금융기관이 조건을 제시하고 이를 이용자가 받아들여서 성립된다는 점에서는 똑같다.

아무튼 이처럼 금융기관이 제시하고 이용자가 받아들여서 성립되는 각종 금리는 대략적인 수준이 느껴진다. 신뢰감이 높은 대형 금융기관을 예로 든다면 예금 금리는 거의 같으며 주택 자금 대출 금리도 비슷하다. 안건마다 조건을 정하는 기업의 차입 금리도 어떻게든 그 기업을 고객으로 삼고 싶다는 동기에서 특정 금융기관이 매우 적극적인 조건을 과감하게 제시하는 경우도 있다. 그래도 수준에서 큰 차이가 느껴지는 일은 기본적으로 없다. 그럼 이러한 금리의 수준은 누가 어떻게 정할까?

이는 시장에서 정해진다. 뒤에서 살펴보겠지만 금리에 관한 시장의 종류에는 여러 가지가 있다. 그중 하나로 금융기관끼리 돈을 빌리고 빌려주는 단기 금융시장을 예로 들 수 있는데 금융기관은 날마다 그 시장에서 자금의 과부족을 조정한다. 즉 이 단기 금융시장의 거래 금리는 금융기관에게 예금이 남은 경우의 운용 수익이 되거나 주택 자금 대출에서 빌려줄 수 있는 자금이 부족한 경우의 조달 비용이 되기도 한다. 그렇기 때문에 예금이나 주택 자금 대출 등의 금리도 거기에서 동떨어진 수준으로 거래할 수 없다.

이렇듯 예금 금리나 대출 금리 등은 시장에서 정해지는 금리, 일반적으로 시장 금리라고 하는 것을 토대로 해서 각 금융기관의 필요 비용과 이익분을 더해 결정된다. 예금 금리라면 시장 금리 마이너스 α, 대출 금리라면 시장 금리 플러스 β라는 식이다.

그럼 토대가 되는 시장 금리는 어떻게 정해질까? 물론 시장에서의 거래 조건이기 때문에 기본적으로는 시장의 수요와 공급의 균형에 따라 정해진다. 다시 말해 돈을 빌리고 싶은 사람이 많고 빌려주고 싶은 사람이 적으면 빌려주는 사람에게 유리해져서 금리 수준이 올라간다. 반대로 돈을 빌리고 싶은 사람이 적고 빌려주고 싶은 사람이 많으면 빌리는 사람에게 유리해져서 금리 수준이 내려간다.

하지만 금리 시장은 완전한 자유방임형 시장이 아니다. 경제나 물가의 안정을 도모하기 위해서 이뤄지는 금융 정책의 시행 권한을 부여받은 중앙은행우리나라는 한국은행이 어느 정도 통제한다. 통제하는 수단에는 여러 가지가 있는데 시장 금리 중 특히 중요하게 여기는 특정 금리를 중앙은행이 바라는 수준으로 유도하는 것이 전형적이다. 그런 경우 특정 금리의 유도 목표 수준 또는 그 유도 목표의 대상이 되는 금리를 정책 금리라고 한다.

여기까지의 설명을 뒤집어 보면 다양한 금리의 사이에서 금리의 수준이 어떤 파급을 미치는지 쉽게 파악할 수 있다. 즉

> 정책 금리 → (⇄) 시장 금리 → 기타 금리
> (예금 금리, 대출 금리…)

라는 느낌이다. 정책 금리가 출발점이 되어 시장 금리에 영향을 주고 그 시장 금리를 토대로 기타 금리가 정해진다. 정책 금리와 시장 금리의 사이에 양방향 화살표가 더해졌다. 이는 시장에서 형성되는 금리 수준이 중앙은행의 판단에 영향을 줘서 정책 금리를 좌우하기도 한다는 것을 보여준다. 이 점에 관해서는 CHAPTER 5에서 다시 자세하게 살펴보겠다.

정책 금리에
관하여

정책 금리는 앞에서 살펴본 대로 세상의 다양한 수준을 정하는 근본적인 금리라서 매우 중요하다. 따라서 정책 금리의 변경은 경제 전체에 큰 영향을 주기 때문에 평소에는 금리에 관해 잘 언급하지 않는 경제 뉴스 등에서도 크게 다룬다. 정책 금리의 인상은 가열된 경제 활동을 억제해서 인플레이션을 회피하기 위한 금융 긴축 정책의 주요한 수단이며, 정책 금리의 인하는 경제에 자극을 줘서 경기를 어느 선 이하로 내려가지 않도록 하기 위한 금융 완화 정책의 주요한 수단이다.

이 정도로 중요하기 때문에 민간 부문에 그 결정을 맡기지 못하는 것이다. 한편 정부가 이를 시행하려고 하면 정치적인 의도로 금리를 낮추는 방향으로 강하게 유인하기 쉽다. 저금리에는 경제를 자극하는 효과가 있어서 정부는 자신에 대한 지지를 확대시키기 위해 금리를 낮추고 싶어 한다. 그런데 저금리에는 인플레이션을 유발하는 효과도 있어서 인플레이션이 점점 심해지면 국민 생활에 엄청난 타격을 준다.

그런 점에서 적어도 주요 선진국에서는 정부로부터 어느 정도 독립한 형태로 정책 금리의 수준을 비롯한 금융 정책의 결정 권한을 중앙은행에 부여하는 방식을 채용하고 있다. 중앙은행이 정부로부터 얼마나 독립적으로 금융 정책을 시행할 수 있는가의 여부는 나라와 시대에 따라 조금씩 달라진다. 하지만 어찌 됐든 이러한 구조와 성질을 중앙은행의 독립성이라고 한다.

중앙은행은 통화의 발행이나 금융 정책의 결정 및 집행 등을 담당하는 특수한 은행이다. 한국의 중앙은행은 한국은행이다. 한국은행의 총재는 인사청문회를 거쳐 대통령이 임명한다. 그리고 부총재는 총재가 추천하여 대통령이 임명한다. 따라서 정부의 영향을 받을 수 밖에 없다. 그럼에도 독립성을 유지하기 위해 많은 노력을 펼치고 있다. 일본의 경우로 예를 들면 일본은행이 해당한다. 일본은행에는 정부가 50% 이상을 출자하며 법률에 따라 특별한 역할과 권한이 부여된다. 정부가 과반을 출자한 점에서도 알 수 있듯이 정부로부터 완전히 독립한 조직이 아니라 대표인 총재를 포함해 주요 인사는 정부가 임명한다. 하지만 금융 정책을 결정할 때는 일정한 독립성을 인정받고 있다.

여기까지 단순히 정책 금리라고 했는데 정책 금리에도 나라마다 여러 가지 패턴이 있다.

미국에서는 중앙은행의 기능을 담당하는 연방준비제도라고 하는 시스템 안에서 연방공개시장위원회FOMC, Federal Open Market Committee1가 금융 정책을 결정한다. FOMC는 정례 모임으로 1년에 여덟 번 개최되고 그곳에서 페더럴 펀드 금리라고 하는 중요한 단기 시장 금리에 유도 목표를 설정한다. 이것이 미국의 정책 금리다.

페더럴 펀드 금리는 은행끼리 자금의 과부족을 보완하기 위해 시장에서 돈을 빌리고 빌려주는 거래의 금리다. 오늘 빌리고 내일 갚는다는 1일짜리 거래이며 이를 오버나이트overnight, O/N으로 줄여 쓸 때가 많다라고 한다. 또한 돈을 빌리고 빌려주는 행위에는 담보2가 따르는 것과 그렇지 않은 것이 있는데 이 거래에는 담보가 붙지 않는다.

한국은행에서는 금융통화위원회에서 통화신용정책에 관한 주

---

1 미국의 중앙은행 제도는 전체적으로 연방준비제도(Federal Reserve System, FRS 또는 Fed)라고 하며 연방준비제도 이사회(Federal Reserve Board, 줄여서 FRB)와 지역별로 설치된 12개의 연방준비은행(Federal Reserve Banks, 이것도 줄여서 FRB, 일본어로는 지구 연방준비은행이라고 하기도 한다)으로 구성되어 있다. 연방준비은행은 중앙은행의 업무를 실시하는 기관이며 이사회가 이 기관을 총괄한다. 이 이사회 의장이 이른바 중앙은행 총재에 해당하며 일반적으로 FRB 의장이라고 한다. 그리고 이사회의 모든 이사와 일부 지구 연방준비은행 총재가 FOMC 멤버로서 금융 정책을 결정한다.

2 담보란 빌리는 사람이 돈을 갚지 못했을 때 변제금 회수로 충당할 수 있도록 돈을 빌리는 사람이 빌려주는 사람에게 맡기는 자산을 말한다. 주택 담보 대출 등에서는 부동산이 담보가 되는데 금융시장에서는 일반적으로 채권 등의 유가 증권을 사용한다.

요 사항을 심의·의결한다. 대표적인 것이 기준금리 결정이다. 한국의 기준금리는 경기, 물가 및 금융시장 상황 등을 종합적으로 고려하여 연 8회 결정된다. 결정된 기준금리는 초단기 금리인 콜금리에 즉시 영향을 미치고 장단기 시장금리, 예금 및 대출 금리 등의 변동으로 이어져 궁극적으로는 실물경제 활동에 영향을 미치게 된다.

일본에서도 뒤에서 살펴보겠지만 지금은 조금 다른 정책 금리를 채용하고 있다. 그런데 한때는 미국형 정책 금리를 채용했기에 일단은 그것이 기본형이라고 생각할 수 있다.

일본에는 주로 은행끼리 단기 자금을 빌리고 빌려주는 콜 시장이 존재하는데 그중에서도 특히 익일물이라고 하는 거래가 활발히 이뤄져 금융시장에서 매우 중요한 존재가 되었다. 참고로 '익일물'은 앞서 설명한 오버나이트를 말한다. 또한 일본의 콜 시장에서는 담보 없이 거래하는 것이 일반적이다. 따라서 콜 시장의 중심적인 거래는 무담보 콜 익일물이라고 한다. 이 거래의 금리는 그야말로 미국의 페더럴 펀드 금리에 해당한다고 할 수 있다. 기존의 일본은행은 이 무담보 콜 익일물의 거래 금리에 유도 목표를 설정해서 이를 정책 금리로 삼았다.

하지만 현재[3] 일본의 정책 금리는 조금 다른 방식을 채용하고 있다. 현재 일본은행은 일반 은행이 일본은행에 예치한 일본은행 당좌예금이라는 예금 잔고의 일부에 마이너스 0.1%의 금리를 부

---

3 이 항목의 정보는 2022년 12월 말 현재를 기준으로 한다.

과해서 이것이 주요 정책 금리가 되었다.

일본은행은 '은행의 은행'이라고도 해서 일반 은행이 은행끼리 돈을 빌리고 빌려주기 위한 계좌를 일본은행에 개설한다. 또한 예금자를 지키기 위한 준비예금제도가 있어서 일반 은행은 떠맡은 예금의 일정 비율을 준비 예금으로 일본은행에 맡겨야 한다. 일본은행 당좌예금은 이 두 역할을 담당하는데 그 잔고가 일정 수준을 초과하면4 마이너스 금리가 부과된다. 마이너스 금리란 예금자가 금리를 반드시 내야 하는 상태를 말한다. 그래서 예금자인 은행에 금리가 '부과되는' 것이다.

요즘 일본의 금융 정책은 마이너스 금리 정책이라고 하는 경우가 비일비재하다. 이런 경우의 마이너스 금리는 이 일본은행 당좌예금의 일부 잔고에 부과되는 마이너스 금리를 말한다.

이것이 현재 일본의 주요한 정책 금리라고 할 수 있는데 사실 일본은행이 통제하는 또 다른 금리가 있다. 이쪽은 세계적으로도 보기 드문 패턴인데 10년물 국채 이율이라는 장기 시장 금리에 '대충 0% 정도'5라는 유도 수준을 만들었다.

기존의 금융 정책 상식으로 말하자면 중앙은행은 극히 단기의 시장 금리에 작용하는 형태로 금융 정책을 시행하며, 채권 시장 등

---

4 일본은행 당좌예금 잔고는 금리라는 면에서 3계층으로 나뉜다. +0.1%의 금리가 붙는 기초 잔고와 금리가 붙지 않는 매크로 가산 잔고의 합계를 초과한 부분을 정책 금리 잔고라고 하며 이 부분에 마이너스 금리가 적용된다.

5 이 수준에는 변동 허용 폭이 마련되어 있어 2022년 12월에 기존의 ±0.25%에서 ±0.5%로 확대되었다.

에서 정해지는 장기 금리는 시장에서의 거래를 통해 자연스럽게 형성되는 대로 내버려 두는 것이라고 여겼다. 애초에 중앙은행이 채권 시장에 개입해도 장기 금리를 목표로 한 수준으로 계속 유지하는 것 자체가 어렵다고 생각했다. 그러나 일본은행은 그 장기 금리에도 목표 수준을 설정해 이를 유지할 수 있도록 필요에 따라 국채를 무제한으로 매입하고 시장에 강력하게 개입하여 자신의 통제하에 놓았다.

일본은행 당좌예금 금리와 10년물 국채 이율이라는 두 가지 정책 금리를 조합하는 이 방법은 일드 커브 컨트롤YCC, Yield Curve Control 수익률 곡선 제어 정책이라고 한다. 일드 커브는 매우 중요한 개념이므로 나중에 자세히 살펴보기로 하겠다.

유럽 공통통화 유로의 정책 금리도 간단히 살펴보겠다. 유로는 유럽 연합EU 가맹국 중 20개국6이 법정통화로 채용한 공통통화다. EU에 가맹하기만 한 유로는 채용하지 않는 나라도 있지만 독일, 프랑스, 이탈리아, 스페인, 네덜란드와 같은 주요국은 대부분이 이 공통통화제도에 참가하고 있다.

그 공통통화에 관한 금융 정책의 통괄 기관으로 ECB유럽중앙은행가 설립되었는데 전부터 존재하던 각국의 중앙은행은 금융 정책 집행 기관으로 ECB의 하부 조직이라는 평가를 받게 되었다.

현재 ECB는 여러 금리를 정책 금리로 사용하고 있다. 민간 은

---

6 2023년부터 크로아티아가 추가되어 유로를 채용한 나라가 20개국이 되었다.

행이 중앙은행에 맡기는 중앙은행 예금에 대한 부리 이율예금 퍼실리티 금리, 민간 은행이 일주일에 한 번인 입찰로 중앙은행에서 일주일 동안 돈을 빌릴 때의 금리주요 리파이낸스 오퍼레이션 금리, 긴급 시 중앙은행에서 하루만 돈을 빌릴 때의 금리한계 대부 퍼실리티 금리라고 하는 세 가지다.

이 세 가지를 조작하면 역시 은행끼리 돈을 빌리고 빌려주는 단기 금융시장에서의 거래 금리 수준에 큰 영향을 준다. 예를 들면 예금 퍼실리티 금리는 중앙은행의 예금 계좌에 맡긴 채로 둬야 받을 수 있는 금리기 때문에 이를 밑도는 수준에서 누군가에게 돈을 빌려줄 필요는 없다. 따라서 이 금리가 시장에서의 거래 금리 하한이 된다. 반대로 갑자기 자금 부족에 빠졌을 때는 한계 대부 퍼실리티 금리로 중앙은행에서 하루만 돈을 빌려서 피할 수 있다. 그래서 이 금리가 시장 금리의 상한이 된다. 또한 금융 정책에서 주요 리파이낸스 오퍼레이션 금리가 중심적인 역할을 담당하는데 이 금리가 정책 금리의 중심으로 평가받고 있다.

이러한 각국의 정책 금리를 일일이 기억하는 것은 귀찮은 일이다. 세세한 부분은 차치하고 한마디로 정책 금리라고 해도 나라와 통화, 때와 상황에 따라 다양한 타입의 정책 금리가 있다는 식으로 이해하면 된다. 또한 정책 금리가 구체적으로 무엇이든 기본적으로 중요한 시장 금리를 중앙은행의 통제하에 놓고 그 앞에 있는 세상의 다양한 금리 수준에 영향을 주려고 한다는 점이 가장 중요하다.

시장 금리에 관하여

다양한 시장 금리

시장 금리는 금융시장에서 다양한 참가자가 거래하는 가운데 저절로 형성되는 금리를 말한다. 금리를 취급하는 시장 자체는 여러 가지가 있기 때문에 시장 금리의 종류도 다양하다.

앞에서 등장한 콜 시장은 주로 은행을 중심으로 한 금융기관끼리 단기로 돈을 빌리고 빌려주는 시장이다. 거래 기간에 주목해 분류하면 단기 금융시장, 시장 참가자에 주목해 분류하면 은행이 참가자 중심이므로 은행 간 시장인터뱅크 시장으로 평가할 수 있다. 참고로 금융 거래에서 단기라고 하는 경우에는 1년 이내의 거래를 말한다.

단기 금융시장에는 이외에도 여러 가지 시장이 있는데 그중에서도 특히 일반적으로 레포 시장이라고 하는 것이 중요하다. 레포Repo는 주로 채권을 담보로 해서 돈을 빌리고 빌려주는 거래다. 돈을 빌리는 쪽이 담보로 채권을 건네주고 돈을 갚으면 그 채권이 돌아온다. 돈을 빌려주는 쪽에서 보면 변제가 밀렸을 때는 담보로 맡은 채권을 매각해 빌려준 돈의 회수로 충당할 수 있다. 그래서 회수하지 못하는 위험이 매우 적고 안전하게 거래할 수 있다. 이러한 거래의 금리를 일반적으로 레포 금리라고 한다. 레포 시장은 시장 참가자라는 관점에서 보면 투자가 등도 거래에 많이 참여하기 때문에 오픈 시장으로 평가된다.

덧붙이자면 레포라는 것은 원래 해외의 거래 제도다. 채권을 담보로 돈을 빌리고 빌려준다고 설명했는데 계약 형태로는 환매 조건부 채권 매매7라고 한다. 즉 계약서상은 채권을 팔아서 일정 기간이 지난 후에 미리 정한 가격으로 되사거나 그 반대로 하는 거래다. 하지만 경제 효과로는 앞서 설명했듯이 채권을 담보로 돈을 빌리고 빌려주는 것이라고 이해할 수 있다.

이러한 단기 금융시장 외에 기본적으로 1년을 초과해 돈을 거래하는 장기 금융시장도 있다. 이쪽도 여러 가지 종류가 있는데 그중에서 채권 시장이 대표적이다.

---

7 영어로는 Repurchase Agreement라고 하며 무슨 이유인지 그 통칭이 Repo가 되었다.

채권은 나라와 기업이 자금을 조달하기 위해 발행하는 유가 증권이다. 돈의 흐름에서 보면 투자가가 채권을 발행한 나라나 기업에 돈을 빌려주는 형태다. 일반적인 돈의 대차와 크게 다른 점은 돈을 빌려주는 투자가의 입장을 다른 투자가에게 자유롭게 양도할 수 있다는 점이다. 이른바 매매할 수 있는 차용증서와 같다.

그러한 돈을 빌려주는 사람의 입장, 즉 돈을 빌리는 사람이 내는 이자나 원금을 받을 수 있는 권리를 매매하는 자리가 채권 시장이다. 채권 시장에서는 실제로 1년 이내의 거래도 존재하는데 만기까지의 기간이 긴 것이 많이 거래되는 점이 큰 특징이며 한국은 50년, 일본은 40년 정도까지의 채권이 거래되고 있다. 또한 이 채권 시장에서의 거래를 통해 형성되는 장기 거래의 금리 수준을 장기 금리[8]라고 한다.

따라서 채권 거래와 금리의 관계는 금리를 이해하는 데 필수적인 지식인데 이 점에 관해서는 다음 장에서 자세히 살펴보겠다.

채권 시장은 도표 3-1처럼 발행체에 따라 여러 가지로 분류된다. 이 중에서 시장 규모가 가장 크고 중요한 것이 나라가 발행하는 국채다. 그다음으로 기업이 발행하는 사업채[사채]가 있다. 사채를 발행하는 것은 비교적 유명한 대기업이 대부분인데 그러한 기업이 어느 정도 정해진 금액을 장기적으로 조달할 경우 채권 발행은 매우

---

[8] 그 외에도 파생상품의 일종인 금리 스와프 시장에서 형성되는 스와프 금리(스와프율)라는 것도 장기 금리의 일종이다.

중요한 수단이 된다.

한국에서는 누가 발행하느냐에 따라 채권을 분류하기도 한다. 정부가 발행하는 국채와 지방자치단체와 공공기관이 발행하는 지방채, 특별법에 따라 설립된 법인이 발행하는 특수채, 금융기관이 발행하는 금융채, 상법상 주식회사가 발행하는 회사채 등으로 구분한다.

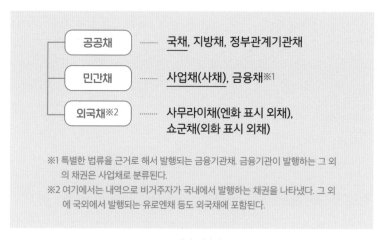

도표 3-1 채권 시장의 분류

참고로 세계에서 가장 큰 채권 시장을 형성하는 미국 국채는 시장에서는 트레저리Treasury 혹은 미국 재무성 증권이다. 트레저리는 원래 미국 국채의 발행기관인 미국 재무성을 말한다. 덧붙이자면 미국 국채의 내역으로는 ① 기간 1년 이내의 할인채권9 형식으

9 다음 장에서 다시 설명하겠지만 명시적으로는 이자가 붙지 않는 채권을 말한다. 이에 비해 명시적으로 이자가 붙는 채권이 이자부 채권이다.

로 발행되는 Treasury bills^T-bills, ② 기간이 1년 초과 10년 이하인 이자부 채권 형식으로 발행되는 Treasury notes^T-notes, ③ 기간이 10년 초과인 이자부 채권 형식으로 발행되는 Treasury bonds^T-bonds가 있으며 트레저리는 그 통칭이다.

일본 국채도 비슷하게 구분하는데 ① 기간 1년 이내의 할인채권 형식으로 발행되는 단기 국채^국고단기증권, ②기간이 2년, 또는 5년인 이자부 채권 형식으로 발행되는 중기 국채, ③ 기간이 10년인 이자부 채권 형식으로 발행되는 장기 국채, ④ 기간이 10년 초과인 이자부 채권 형식으로 발행되는 초장기 국채가 있다.

한국의 국채는 2, 3, 5, 10, 20, 30, 50년 만기로 발행된다. 경쟁 입찰을 통해 발행되며 이자는 매6개월후급으로 지급된다.

또한 일본 국채는 시장에서 영어^Japanese Government Bonds의 이니셜을 따서 JGB라고 한다. 한국은 KTB^Korea Treasury Bond라 한다. 이렇듯 시장에서는 각국 국채에 독자적인 명칭이 있다. 그밖에 중요한 국채 시장이라고 하면 독일 국채는 분트^Bunds10, 영국 국채는 길트^Gilts라고 한다.

그런데 넓은 의미의 장기 금융시장에는 돈의 대차와는 조금 다르지만 주식 시장도 포함된다. 주식에는 만기가 없고 이른바 기간

---

10 엄밀히 말하자면 독일 국채도 발행 기간에 따라 명칭이 여러 가지이며 분트는 10년 및 30년짜리 채권을 가리킨다.

에 규정이 없는 돈을 거래하는 시장이라고 할 수 있다. 장기 금융 시장과 동의어인데 채권 시장과 주식 시장을 합해서 자본 시장이라고 하기도 하며 영어로는 캐피털 마켓Capital Market이라고 한다. 실무에서는 일반적으로 이렇게 부른다.

참고로 캐피털 마켓은 채권이나 주식의 경우도 마찬가지지만 발행 시장프라이머리 마켓과 유통 시장세컨더리 마켓으로 구성되어 있다. 프라이머리 마켓Primary Market은 채권이나 주식이 신규로 발행되는 시장인데 발행체는 기본적으로 이 시장에서 자금을 조달할 수 있다. 세컨더리 마켓Secondary Market은 발행된 채권이나 주식이 투자가 사이에서 자유롭게 매매되는 시장이며 이 세컨더리 마켓에서 금리나 주가의 수준이 형성된다.

세컨더리 마켓은 어디까지나 투자가끼리 거래하는 장이므로 그곳에서 채권이나 주식의 가격이 아무리 올라도 발행체에게는 직접적인 영향이 없다. 가격이 올라서 돈을 버는 것은 증권을 보유한 투자가뿐이다. 하지만 프라이머리 마켓에서 채권이나 주식을 새로 발행할 때의 조건은 세컨더리 마켓에서의 거래 상황을 참고하여 정할 수 있다. 따라서 세컨더리 마켓에서 투자가에게 인기를 얻는 기업은 좋은 조건으로 채권이나 주식을 신규 발행할 수 있으며 비용이 낮은 자금을 쉽게 모을 수 있다.

여러 가지 시장의 이름이 등장했기에 도표 3-2로 간단히 정리해 놓았다. 또한 영어로 표기하면 잎에서 등정한 딘기 금융시장은 미니 마켓Money Market이 된다. 금융 실무에서는 이처럼 영어를 그대로 사용하는 경우가 많으므로 가능하면 영어로 표기하는 방식도 기억해 놓으면 좋다.

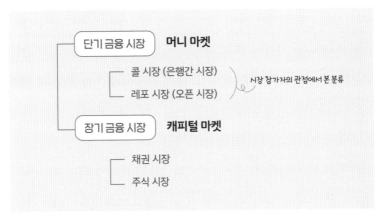

도표 3-2 금융시장의 분류

일드 커브(수익률 곡선)와 지표 금리

시장 금리 설명에서 이미 단기 시장과 장기 시장의 구별을 다뤘다. 거래 기간이 다르면 시장이 다르며 그곳에서 형성되는 금리 수준도 달라진다. 그런 점에서도 확실히 알 수 있듯이 금리에는 단기 금리와 장기 금리가 있다. 단기 금리는 그 금리로 1년 이내의 돈을 빌리고 빌려줄 수 있는 금리, 장기 금리는 그보다 더 긴 기간 동안 돈을 빌리고 빌려줄 수 있는 금리다.

구체적으로 말하자면 단기 금리에도 기간이 다양한 금리가 있으며 이는 장기 금리도 마찬가지다. 단기 금리로 말하자면 1일 한도인 오버나이트 금리 외에도 1주물, 1개월물, 2개월물 등 기간물이라고 하는 특정 기간의 거래 금리가 있다. 한편 장기 금리에서는 대체로 1~40년 정도까지의 거래 금리가 있다. 또한 각 금리 수준은 시장에서의 거래를 통해 기간마다 정해진다.

한편 이처럼 기간이 다른 금리는 수준이 저마다 다르지만 절대로 제각각 움직이는 것은 아니다. 상호 밀접한 관계를 유지하며 변동한다. 다양한 기간의 금리 수준이 서로의 위치 관계를 조금씩 바꿔가며 전체적으로 움직이는 느낌이다.

이러한 시간과 금리 수준의 관계를 일반적으로 일드 커브수익률 곡선라고 한다. 조금 어렵게 말하면 금리의 기간 구조라고 하기도 한다. 일드 커브는 가로축에 기한, 세로축에 금리 수준을 표시한 그래프로 나타낼 때가 많은데 이 그래프가 완만한 곡선을 그리는 경우가 많아서 '커브'라고 한다. 도표 3-3은 일드 커브의 일반적인 이미지다.

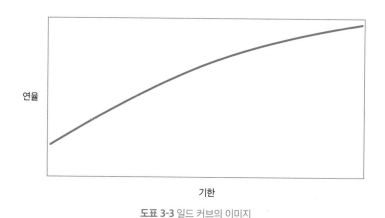

연율

기한

도표 3-3 일드 커브의 이미지

일드 커브가 어떤 요인에 따라 형성되는지는 CHAPTER 5에서 다시 한번 살펴보기로 하고, 여기에서는 금리가 원래 단일 숫자만으로 나타내는 것이 아니라 기간마다 다른 금리 수준의 집합체라고 상상하면 좋을 것이다.

참고로 주식 시장에서는 시장 전체의 움직임을 한눈에 알아볼 수 있게 주가지수를 산출한다. 일본으로 말하자면 닛케이 평균 주가지수닛케이 225와 도쿄증권거래소 주가지수TOPIX 등이 이에 해당한다. 한국에는 코스피, 코스닥 등이 있다.

금리의 경우 이 주가지수처럼 시장 전체의 움직임을 하나로 통합해서 나타내는 방식이 일반화되어 있지 않다[11]. 금리의 동향이 그 중요성과 상관없이 별로 보고되지 않는 이유 중 하나는 주가지수와 같은 편리한 지표가 널리 쓰이지 않아서 숫자 하나로 가시화하기 어렵다는 면이 있기 때문일 수도 있다.

주가지수와 같은 것이 없지만 그 대신에 금리의 경우에는 대표적인 특정 금리를 사용해 금리의 변동을 나타내는 방식이 일반적이다. 금리는 일드 커브로 전체를 이해해야 한다고만 하는데 실제로는 시장 전체의 숫자를 하나로 합하는 것이 아니라 대표 선수를 뽑아서 그 동향으로 시장 전체의 동향을 대신한다. 이를 지표 금리라고 한다.

지표 금리에도 여러 가지 종류가 있는데 장기 금리 지표로서의 10년물 국채 이율이 금리 동향을 나타낼 때 가장 자주 쓰인다. 이

---

11 전문가용 채권 가격을 지수로 바꾼 것은 있지만 전체적인 금리 동향을 누구나 한눈에 알아볼 수 있게 되어 있지는 않다.

는 기본적으로 만국 공통이다.

그 밖에도 이를테면 단기 금리의 지표로는 무담보 콜 익일물 금리[12] 등도 쓰인다. 실제로 콜 시장에서 거래된 무담보 콜 익일물 거래의 거래율에서 산출한 것을 지표로 삼아 사용한다. 하지만 이 비율은 일본은행이나 한국은행의 금융 정책에 강하게 얽매여서 변경하지 않는 한 크게 움직이지 않는다. 따라서 뉴스성도 부족한 탓에 직접 볼 기회가 그다지 많지 않을 수 있다.

신용력에 따른 금리 수준의 차이

금리는 기간마다 다른 금리 수준의 집합체, 즉 일드 커브로 이해해야 한다고 했는데 금리에는 기간 외에 또 하나의 축이 있다.

바로 누가 돈을 빌릴 때의 금리인가라는 것이다. 다시 말해 돈을 빌리는 사람, 즉 채무자의 신용력에 따라 적용해야 하는 금리 수준이 달라진다.

신용력이란 채무자가 지급 의무채무를 얼마나 확실히 이행변제할 수 있는가에 관한 평가를 밀한다. 신용력이 높다고 하면 재무 기반이 튼튼하고 채무를 이행할 의사도 확실하다는 것을 나타낸다. 따라서 리스크라는 관점에서는 신용력에 기인하여 손실을 입을 위

---

12 지표 금리로서의 명칭은 Tokyo OverNight Average rate의 줄임말로 TONA(토나)라고 한다.

험, 즉 신용 리스크가 적은 것을 말한다. 반대로 신용력이 낮다고 하면 재무 기반이 취약하거나 채무를 이행할 의사가 낮거나 또는 둘 다여서 신용 리스크가 큰 것을 말한다.

그리고 신용 리스크가 분명히 드러나면 채무자가 채무를 변제할 수 없는 상태, 즉 채무 불이행디폴트 default이라는 상태에 빠져서 채권자에게는 대손 손실이 생긴다. 신용 리스크 중에서도 이를 특히 디폴트 리스크라고 한다.

신용 리스크에는 채무자가 아직 채무 불이행을 하지는 않았지만 그 신용력이 악화되어 평가상의 손실이 발생하는 리스크도 포함된다. 그래서 신용 리스크라고 하면 디폴트 리스크보다 범위가 좀 더 넓은 말이 되지만 거의 동의어로 취급되기도 한다.

그런데 신용력이 낮아서 신용 리스크가 큰데 돈을 빌려줄 경우 이러한 디폴트 리스크를 고려해 돈을 빌려주기를 주저하거나 빌려준다고 해도 높은 금리를 부과할 것이다.

그럼 신용력이 낮은 사람에게는 어느 정도의 금리로 대출해주면 좋을까? 이를 결정하려면 그 사람이 채무를 변제하지 못하게 될 확률이 어느 정도이며 그때 채권액을 얼마나 회수하지 못할지 추정해야 한다. 예를 들면 확률 1%로 디폴트해서 그때 채권액 전액[13]을

---

13 실제로는 채무자가 채무를 이행하지 못하게 되어도 돈을 전혀 갚지 못하는 사례는 드물다. 따라서 보통은 부분적으로는 회수할 수 있는데 여기에서는 이야기를 단순화하기 위해 전액 돌려받지 못하는 사례를 가정했다.

회수하지 못할 것 같은 경우 예상되는 채권 손실률기대 손실률은

예상 디폴트 확률		예상 손실률 (회수 불능 비율)	
1%	×	100%	= 1%

가 된다. 이를 메우기 위해 신용 리스크가 전혀 없는 경우와 비교해서 금리를 약 1%만큼 높게 설정해야 한다.

이는 당연한 것처럼 보여서 사실 조금 이해하기 어려운 부분이다. 특정 상대만 생각하면 아무리 금리를 높게 설정하든 결국 상대가 갚지 않으면 빌려준 금액이 훼손되어 리스크는 조금도 메워지지 않는다. 하지만 비슷한 채무자를 많이 모아서 그 사람들에게 돈을 조금씩 빌려주면 어떨까?

그렇게 하면 디폴트 확률이나 손실률의 견적이 정확할 경우 대출금 총액의 1%를 돌려받지 못해서 손실이 된다. 그러나 금리를 미리 1% 정도 높게 설정해 놓으면 확실히 돈을 갚는 다른 99%의 사람들에게서 얻을 수 있는 1% 부분으로 손실을 거의 메울 수 있다[14].

이처럼 금리에는 신용력에 따른 수준의 차이가 있어서 가장 낮은 금리는 신용력이 완벽해서 신용 리스크가 전혀 없는 상대방에게 돈을 빌려줄 때의 금리다. 이를 리스크 프리 금리무위험 지표 금리 Risk Free

14 디폴트하지 않을 확률이 99%이며 그 99% 부분에서 손실 1%를 보완해야 하므로 엄밀히 말하자면 1%/99%≒1.01%가 된다.

Rate라고 한다. 리스크 프리는 '디폴트 리스크가 없다'라는 뜻이다.

현실 세계에서는 리스크가 전혀 없는 상대는 존재하지 않지만 수많은 선진국에서는 나라가 발행하는 국채라면 리스크가 매우 낮다고 생각할 수 있다. 따라서 실질적으로 리스크 프리라고 간주한다. 그 밖에도 은행은 일반적으로 신용력이 높다고 하지만 신용 리스크가 전혀 없는 것은 아니다. 그래도 하루만 은행에 돈을 빌려준다고 하는 오버나이트 거래라면 역시 리스크는 매우 낮다고 생각할 수 있다. 그래서 무담보 콜 익일물 금리 등도 실질적으로 리스크 프리라고 간주하는 경우가 많을 것이다.

신용 리스크가 따르는 일반 채무자용 금리는 이러한 리스크 프리금리에 앞서 설명한 채무자의 신용 리스크 정도에 따른 가중 금리가 더해져서 완성된다. 이 가중 금리를 신용 스프레드라고 한다.

국채 이율을 실질적인 리스크 프리 금리라고 보고 이를 기준으로 하면 기업이 채권을 발행할 때의 금리 수준은 같은 연한의 국채 이율에 그 기업에 대한 신용 스프레드를 추가한 수준이 된다는 뜻이다.

그런데 신용 스프레드의 수준은 그 채권의 신용 리스크 크기에 따라 정해질 텐데 신용 리스크의 크기를 알려면 전문적으로 분석해야 한다. 이를 전부 투자가가 일일이 해야 한다고 하면 사채 투자에는 비용이 많이 들어가며 투자가의 저변도 넓어지지 않는다. 그래서 투자가가 신용 리스크를 판단할 때 손쉽게 참조할 수 있도록 오래전부터 신용평가등급을 이용해 왔다.

한국은 개인의 신용리스크를 판단할 때 1000점 만점으로 계산하는 신용점수제를 도입하여 활용하고 있다.

신용평가등급은 신용평가기관이나 신용평가회사[15]라고 하는 전문 조사회사가 채권 발행체의 신용력이나 채권 발행조건을 분석하여 그 신용 리스크의 크기를 다음의 도표 3-4와 같은 간단한 기호 신용 등급 기호로 나타낸 것이다. 이 표를 보면 노력과 시간을 들여서 전문적으로 분석하지 않더라도 채권의 신용 리스크가 어느 정도인지 쉽게 알 수 있다.

---

15 가장 널리 이용되는 신용평가기관으로는 미국계의 무디스(Moody's Investors Service), 스탠더드 앤드 푸어스(Standard & Poor's, S&P), 미국과 유럽계의 피치(Fitch), 일본 계열의 신용평가투자정보센터(R&I), 일본신용평가연구소(JCR) 등이 있다. 한국에는 한국기업평가, 한국신용평가, NICE신용평가 등의 기관이 있다.

S&P, R&I 등	무디스	신용 리스크의 크기	분류
AAA	Aaa	밑으로 갈수록 신용 리스크가 높아진다	투자 적격 등급
AA+	Aa1		
AA	Aa2		
AA-	Aa3		
A+	A1		
A	A2		
A-	A3		
BBB+	Baa1		
BBB	Baa2		
BBB-	Baa3		
BB+	Ba1		투자 부적격 등급(투기적)
BB	Ba2		
BB-	Ba3		
B+	B1		
B	B2		
B-	B3		
CCC+	Caa1		
CCC	Caa2		
CCC-	Caa3		
CC	Ca		
C	C		
D		디폴트(그 외에 선택적 디폴트 SD 등이 있다)	

도표 3-4 신용 등급 기호

하지만 신용평가기관은 민간기업이며 신용등급평가는 일개 민간조사회사의 의견에 지나지 않는다. 또한 신용등급평가는 채권 투자가에게 정보를 제공하기 위한 것으로 발전해 왔는데 영리기업인 신용평가기관에 누가 돈을 내는가 하면 투자가가 아니라 채권을 발행하는 기업이다.

발주자인 채권 발행 기업은 좋은 조건으로 채권을 발행할 수 있게 최대한 높은 신용 등급을 받기를 희망한다. 하지만 신용등급평가를 이용하는 사람인 투자가는 그보다 리스크를 확실히 반영해 엄격하게 신용 등급을 평가하기를 원한다. 신용등급평가는 오래전부터 이용되어 왔지만 구조적으로는 이익 상반 행위가 생길 가능성을 숨기고 있다는 의미다.

무엇보다도 발주자에게 지나치게 안이한 등급을 매기는 신용평가기관은 채권 투자가의 신뢰를 얻지 못해 결국에는 도태될 것이다. 따라서 현재 널리 이용되는 신용평가기관은 공정하게 분석한다는 신뢰를 투자가에게 얻은 회사라고 생각할 수 있다. 금융시장은 각종 신뢰 관계를 통해 시장 기능이 유지되는데 신용 등급과 신용평가기관에 대한 투자가의 신뢰도 매우 중요한 요소다.

신용 등급 기호는 신용평가기관에 따라 기호나 정의가 조금 다르지만 대체로 비슷한 체계를 갖추고 있나. 무니스 외의 신용 등급 기호를 예로 들면 최상위 AAA는 일반적으로 트리플 에이라고 하는데 신용력이 매우 높아서 신용 리스크가 아주 작은 것을 나타낸다. 거기에서 밑으로 갈수록 A가 2개인 더블 에이, A가 1개인 싱글 에이, B가 3개인 트리플 비가 됨에 따라 신용력이 떨어지며 신용 리스크가 커진다. 또한 +와 -의 기호로 신용 등급은 한층 더 세분화된다.

트리플 비 이상의 등급은 전체적으로 보면 신용 리스크가 비교적 작은 등급이라서 투자 적격 등급<small>영어로는 Investment Grade, 줄여서 IG이</small>라고 한다. 거기에서 내려가면 투자 부적격 등급이나 투기적 등급, 때때로 영어의 속칭으로 정크 본드<small>Junk Bond</small>라고 한다.

그러나 이러한 신용 등급이 낮은 채권은 리스크의 크기에 따라 이율도 높아지는 데다 수많은 투자가가 꺼리기 때문에 리스크 균형을 맞춰서 타당하다고 생각된다기보다 이율이 한층 더 높아지는 경우가 허다해서 충분한 분석력과 리스크 관리력이 있으면 매력적인 투자 대상이 될 수 있다. 따라서 미국 등에서는 시장이 충분히 형성되어 있어 거래가 활발하게 이뤄지고 있다. 이 경우 투자 부적격이나 정크 본드와 같은 부정적인 느낌을 주는 명칭을 사용하지 않고 일반적으로 하이 일드<small>High Yield, 줄여서 HY</small>라고 부른다.

아무튼 시장에서 형성되는 채권의 이율은 이 신용평가등급에 따라 대략적인 수준이 정해진다. 도표 3-5는 그 이미지를 나타낸 것이다. 일드 커브는 시장 전체로 보면 단일 곡선이 아니라 신용력의 차이에 따라 여러 개의 일드 커브가 겹쳐진 형태를 띤다.

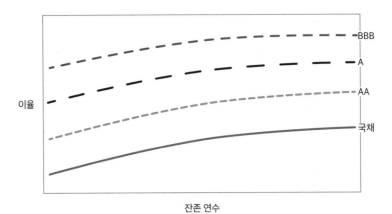

도표 3-5 신용평가등급과 이율의 관계

고정 금리와
변동 금리

금리를 적용하는 방법의 차이

이 장의 마지막에서는 지금까지와는 조금 관점이 다른데 적용 방법의 차이에 따른 금리의 분류에 관하여 설명하겠다.

예를 들면 2년 동안 돈을 빌려주는 경우를 생각해 보자. 이자는 그 기간 중에 분할해서 정기적으로 받는 것이 보통이며 여기에서는 6개월마다 받기로 한다. 이런 경우 금리의 적용 방법에는 크게 두 가지 방식이 있다(도표 3-6).

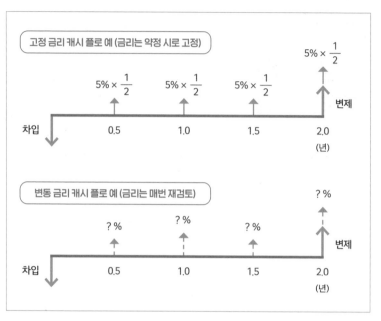

도표 3-6 고정 금리와 변동 금리

첫 번째는 2년에 걸쳐서 적용되는 금리를 시작 단계에서 정하는 방법이다. 예를 들면 금리를 5%라고 정하고 이를 2년에 걸쳐서 적용한다. 이자 자체는 6개월마다 계산여기에서는 연율의 2분의 1로 계산하는데 이율은 미리 정해져 있다. 이러한 금리의 적용 방법을 고정 금리라고한다. 이 사례에서는 5%라는 이율이 2년에 걸쳐서 계속 적용되므로 2년 금리라고 하며 1년 초과라는 점에서 장기 금리로 분류한다.

한편 똑같이 2년 동안 돈을 빌려주더라도 6개월마다 이자를 계산할 때의 이율을 미리 정하지 않고 매번 재검토하는 유형도 있는데 이것이 변동 금리다. 변동 금리의 경우 어느 시점에서 공표되는 어떤 지표를 사용해 어떻게 이자를 계산할 것인가라는 계산 규칙만 미리 정해져 있다.

변동 금리의 지표에 쓰이는 금리로는 최근 큰 변화가 있어서 그 점에 관해서는 나중에 살펴보겠지만 여기에서는 TIBOR^{Tokyo} _{Interbank Offered Rate}라고 하는 일본 엔의 단기 금리 지표를 예로 들겠다. 이는 날마다 은행협회에서 발표하는 단기 금리 지표다.

TIBOR에는 두 종류가 있는데 그중 일본 엔 TIBOR라고 하는 것은 앞에서도 언급한 콜 시장, 즉 은행끼리 단기적으로 돈을 빌리고 빌려주는 시장에서의 거래 금리 수준에서 산출한다. 그중 6개월 TIBOR라는 것이 있다. 콜 시장에서 6개월 동안 돈을 빌리고 빌려줄 때의 금리라는 뜻이다.

이 6개월 TIBOR는 비율을 정해서 거래가 성립^{약정}된 날로부터 영업일 이틀 후에 돈의 대차가 실행되며 그 실행일로부터 딱 6개월에 걸쳐서 적용되는 금리다(도표 3-7). 그래서 변동 금리 계산에 사용하는 경우에도 그에 맞춰서 '이자를 계산하는 각 기간의 시작일로부터 영업일 이틀 전에 공표된 6개월 TIBOR를 사용해 해당 기간의 6개월 치 이자를 계산한다'라는 규칙으로 적용한다. 이처럼 지표 금리와 적용 규칙만 정해 놓고 지표 금리의 변동에 따라 적용 금리도 변동되는 것이 변동 금리다.

참고로 한국의 경우 주택담보대출을 고정금리와 변동금리로 나눠서 살펴볼 수 있다. 고정금리 주택담보대출은 금융채 5년물의 금리를 기준으로 대출금리를 계산한다. 그리고 만기까지 대출금리가 그대로 유지된다.

변동금리 주택담보대출은 코픽스COFIX, Cost of Funds Index 금리를 기준으로 산출된다. 코픽스는 은행들이 시장에서 자금을 조달할 때 발생하는 평균 비용을 의미한다. 코픽스는 매달 발표된다. 코픽스의 변화에 따라 대출자의 금리가 달라지는 것이다.

변동 금리의 계산에 쓰이는 지표 금리는 돈을 빌려주는 사람과 빌리는 사람이 합의할 수 있으면 어떤 것이든 상관없지만 대체로 날마다 공표되어 널리 알려진 지표 금리를 사용한다. 또한 변동 금리의 지표는 반드시 그렇게 해야 한다는 것은 아니지만 일반적으로는 이자 계산 기간에 맞춘 단기 금리 지표를 사용하는 경우가 많다. 지금의 사례에서 6개월 동안의 금리를 계산하는 데 6개월 TIBOR라는 6개월물 금리를 사용했는데 바로 그것이다. 그런 경우에는 차입 기간이 2년이지만 적용되는 금리는 6개월이라는 단기 금리가 된다.

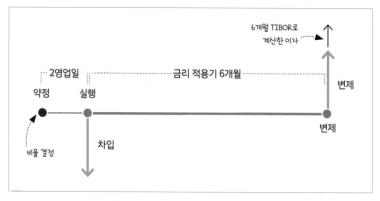

도표 3-7 6개월 TIBOR의 금리 적용 기간

금리 스와프와 스와프율★

고정 금리는 만기까지의 모든 이자액이 확정되어 있어서 언뜻 보면 리스크가 없는 금리를 결정하는 방법처럼 보일 것이다. 그에 비해 변동 금리는 장래의 이자액이 확정되어 있지 않아서 큰 리스크에 노출된 것처럼 느껴질 수 있다.

하지만 세상의 금리 수준이 변동함에 따라 어떤 손실을 입는 리스크, 이른바 금리 리스크는 돈을 빌리는 경우라면 그 빌리는 돈을 무엇에 쓰고 어떻게 갚느냐에 따라 좌우되며 고정 금리나 변동 금리라서 생기는 것은 아니다. 예를 들면 주택 자금 대출의 경우 보통은 월급의 일부로 갚기 때문에 그렇게 하면 금리가 변동하는 변동 금리보다도 고정 금리가 리스크는 작을 것이다. 변동 금리라면 세상의 금리 수준이 점점 올라갈수록 지급 부담이 점점 늘어나지만 고정 금리라면 세상의 금리 수준이 아무리 올라가더라도 변제 계획이 틀어질 우려가 없다.

그렇지만 이는 결과적인 손익과는 별개의 이야기다. 일반적으로 변동 금리가 고정 금리보다 더 낮을 때가 많아서 세상의 금리 수준이 올라가지 않으면 결과적으로 변동 금리가 이득이었다는 일이 평범하게 일어난다. 그래서 어느 쪽이 좋은지는 상황에 따라 달라지지만 적어도 리스크라는 관점에서는 고정 금리의 리스크가 낮다.

기업이 설비를 투자하기 위해서 돈을 빌리는 경우에도 비슷한 일이 많다. 설비를 투자할 때는 사업 계획을 세우면서 매출 전망을 근거로 해서 변제를 계획한다. 그래서 역시 이자액이 고정된 고정 금리가 계획도 세우기 쉽고 리스크도 작을 것이다.

한편 기업이 자금 용도를 아직 확실히 정하지 않았는데도 자금을 조달하는 경우는 어떨까? 용도를 정해 놓지 않더라도 이를테면 채권 발행 환경이 좋아서 지금이라면 좋은 조건으로 채권을 발행할 수 있는 시점에 채권을 발행하는 일은 실제로도 흔하다.

그럴 경우 자금 용도를 확정하기 전까지 그 자금을 사용해 단기적으로 운용을 반복한다. 장기적으로 운용하면 도중에 딱 알맞은 자금 용도를 찾더라도 당장 그 돈을 쓰지 못하기 때문이다. 그렇게 하면 그 운용은 단기 금리에 연동한 수입을 가져올 것이다.

이러한 사례에서는 세상의 금리 수준이 떨어지면 단기 운용을 반복할 때마다 운용 수입이 줄어드는 한편 채권의 지급 금리가 고정되어 있으면 지급 비용이 줄지 않는다. 그런 경우 운용 수입이 지급 비용을 밑도는 역마진이 발생할 수 있다. 다시 말해 금리 저하 리스크를 부담하게 된다는 뜻이다.

이런 사례의 전형은 은행이다. 은행은 기본적으로 예금, 특히 보통예금을 중심으로 돈을 모으고 이를 비교적 단기 대출로 돌린다. 보통예금 금리는 최근 거의 움직이지 않아서 고정 금리처럼 느껴질 수 있는데 실제로는 단기 금리의 수준에 맞춰서 개정된다. 즉 은행은 대충 말하자면 단기 금리로 돈을 모으고 단기 금리로 돈을 빌려준다. 따라서 금리가 오르면 새로운 대출로 얻을 수 있는 수입과 예금에 내는 비용이 함께 올라간다. 반대로 금리가 떨어지면 수입과 비용도 줄어든다. 수입과 비용이 함께 단기 금리에 연동해서 리스크를 회피한다.

그럼 대출이 단기 중심인데 채권을 발행해서 장기간 고정 금리로 돈을 조달하면 어떻게 될까? 금리가 떨어지면 단기적인 대출을 반복할 때마다 수입이 점점 줄어든다. 한편 채권의 지급 금리는 고정되어 있기 때문에 비용은 줄지 않는다. 이렇듯 고정 금리로 자금을 조달해도 그 자금을 사용하는 방법에 따라 리스크를 떠안게 된다.

그와는 반대로 은행이 예금으로 조달한 자금을 장기간 고정 금리로 대출에 충당한 경우에는 금리 상승 리스크가 발생한다. 운용 수입이 고정되어 있는데 조달 비용은 금리 상승과 함께 늘어나기 때문이다.

아무튼 조달 측면과 운용 측면의 금리 형태가 일치하면 리스크를 회피할 수 있지만 그 균형이 무너져서 불일치하면 리스크가 발생한다. 이러한 조달과 운용의 금리가 맞지 않아서 생기는 리스크를 조절하는 수단으로 디리버티브[16]의 일종인 금리 스와프라는 거래를 흔히 이용한다. 금리 스와프는 지금까지 거의 언급하지 않았는데 사실 금리와 관련된 거래가 이루어지는 시장에서도 비교가 안 될 정도로 거대한 시장을 형성하고 있다.

---

16 디리버티브(derivative)는 파생상품이나 파생 거래라고 번역하는데 말 그대로 평범한 돈의 대차나 주식, 채권 매매 또는 외환 거래 등 일반적인 거래에서 갈라져 나와 생긴 특수한 거래를 말한다. 하지만 '파생'이라는 말의 이미지와는 정반대로 현재 금융시장에서는 토대가 되는 일반적인 거래보다 훨씬 더 큰 시장을 형성하고 있다. 그런 파생상품 중에서도 여기에서 다루는 금리 스와프가 가장 많이 거래되고 있다.

금리 스와프에는 매우 다양한 형식의 거래가 존재하는데 고정 금리와 변동 금리의 금리 부분만 교환하는 거래가 가장 전형적이다. 거래 기간은 최장 40년 정도까지 거래할 수 있다. 도표 3-8은 기간 5년인 금리 스와프로 1년마다 고정 금리와 변동 금리를 교환하는 거래를 예시한 것이다.

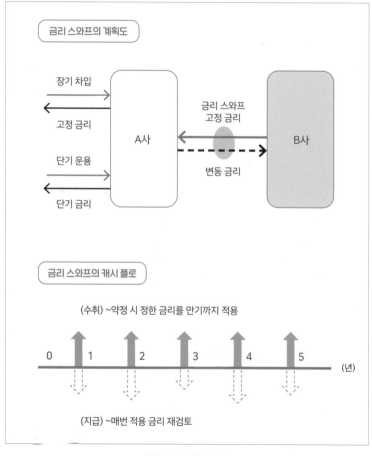

도표 3-8 금리 스와프

이를 사용하면 고정 금리로 돈을 빌려서 그 금리 부분만 변동 금리, 즉 단기 금리에 연동하는 형태로 실질적으로 변환할 수 있다. 또한 이 돈을 반복적으로 단기 운용에 사용하면 금리 리스크가 발생하지 않는다. 도표의 고정 금리와 변동 금리또는 단기 금리의 화살표가 전부 '갔다 오는' 형태인 것을 확인할 수 있는데 이는 금리 리스크의 상쇄를 의미한다.

물론 반대도 마찬가지다. 은행에서 변동 금리로 돈을 빌린 기업은 도표 3-9와 같은 금리 스와프를 시행해서 마치 고정 금리로 돈을 빌리는 것과 똑같은 효과를 얻을 수 있다. 이 돈을 설비 투자에 사용하면 쓸데없는 금리 리스크를 부담하지 않아도 된다.

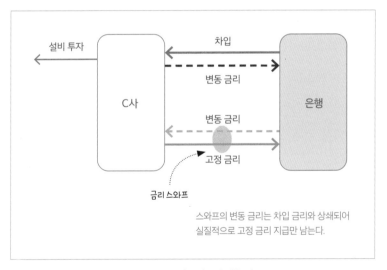

도표 3-9 금리 스와프의 이용 예

이 예를 보고 '그럼 처음부터 고정 금리로 돈을 빌리면 되지 않나?'라고 생각할 수 있는데 현실적으로는 언제든지 자신이 바라는 금리 형태로 돈을 빌릴 수 있다고 할 수 없다. 거래 은행이 고정 금리로 대출해주지 않을 수도 있고, 대출해주더라도 조건이 매우 안 좋을 수 있다. 그런 경우 금리 스와프를 사용해 무리해서 고정 금리로 돈을 빌리지 않더라도 변동 금리로 돈을 빌려 금리 스와프로 실질적으로 고정 금리화하는 선택지를 가질 수 있다.

또한 금리 스와프를 사용하는 것을 전제로 하면 금리 수준이 낮은 동안에는 변동 금리로 돈을 빌려놓고 나중에 금리가 오를 것 같다고 느껴지면 금리 스와프로 그것을 고정 금리로 전환하는 기동적인 행동을 할 수도 있다. 물론 이러한 예측을 근거로 한 행동이 결과적으로 성공한다고 할 수는 없지만 어쨌든 리스크의 통제를 자신이 판단해서 재빨리 대처할 수 있다는 점이 매우 중요하다.

금리 스와프는 이처럼 기업도 당연히 이용하는데 특히 은행에게는 리스크 관리에 필수적인 도구다. 실제 은행은 다양한 자금 조달 수단을 갖추고 있어서 다양한 금리 형태로 돈을 빌려준다. 그렇게 하면 수취 금리와 지급 금리에 어떠한 차이가 생겨서 그대로 방치해 놓으면 전체적으로 매우 큰 금리 리스크를 떠맡을 가능성이 높아진다. 그래서 그런 금리 리스크를 금리 스와프를 사용해 기동적으로 조절한다.

금리 스와프는 한 건당 거래 금액이 매우 크기 때문에 일반인이 금리 스와프를 사용하는 일은 거의 없다. 따라서 일반적으로는 매우 낯설게 느껴지겠지만 은행의 리스크 관리나 대기업의 재무 전략의 경우 이제는 빠뜨릴 수 없는 필수 도구다. 무엇보다도 그 시장 규모는 천문학적이라고 할 수 있을 정도로 커서 적어도 어떤 것인지는 알아 두면 좋을 것이다.

참고로 이 금리 스와프에는 은행끼리 날마다 활발하게 거래하는 은행 간 시장이 있는데 그 시장에서 거래 시세가 형성된다. 일본 엔의 금리 스와프라면 변동 금리 계산에는 다음 항목에서 설명하는 TONA 후결정 복리라는 방식으로 계산하는 것이 표준이며 그 변동 금리와 교환할 수 있는 고정 금리 수준이 시장 거래를 통해 형성된다. 이를 스와프율이라고 한다.

스와프율도 거래 기간마다 수준이 달라져서 일드 커브를 형성한다. 국채의 일드 커브와 비교하면 스와프의 일드 커브는 수준이 조금 높아지는 경우가 많은데 최근에는 이 관계가 역전할 때도 있다. 스와프율에는 기간이 짧은 것도 있지만 최장 40년 정도까지로 기간이 긴 것도 많으며 그런 것은 채권 이율과 함께 장기 금리의 중요한 일부를 구성한다.

장기 금리의 지표로서 뉴스 등에서는 이미 소개한 10년물 국채 이율이 쓰일 때가 많다. 하지만 새로 발행하는 채권의 조건이나 장기 고정 금리에서의 대출 금리 설정 등에서는 스와프율을 참조하는 경우가 많아서 금융 실무에서는 매우 중요한 금리라고 할 수 있다.

지표 금리의 왕 LIBOR의 공표 정지와 그 후의 지표 금리★

바로 얼마 전까지 변동 금리 지표로서 LIBOR라고 하는 금리를 오랫동안 널리 이용해왔다. LIBOR는 London Interbank Offered Rate의 줄임말이며 런던의 은행 간무담보 단기 자금 대차 시장에서의 조달 금리를 말한다.

런던은 국제 금융의 중심지 중 하나이며 자국 통화의 채권뿐만 아니라 다양한 통화를 거래하고 있다. 그래서 LIBOR에도 엔이나 미국 달러 등 세계 주요 통화가 포함되어 있었다. 또한 단기 금리 지표로서 통화마다 3개월물이나 6개월물 등 여러 기간별 금리를 날마다 공표했다. 이 금리가 전 세계에서 이뤄지는 금리 스와프 거래, 변동 금리형 대출, 변동 금리형 채권변동 이자부 채권 등 변동 금리 계산에 쓰였다. LIBOR를 참조해서 금리를 계산하는 금융 상품이나 금융 거래는 절정일 때 400조 달러 정도에 달했다고 한다. 이처럼 LIBOR는 세계에서 가장 중요한 변동 금리 지표였다.

LIBOR는 미리 선정된 시세 참조 은행reference bank이라고 하는 여러 대형 은행으로부터 런던 시각 오전 11시 시점에서의 실세 조달 금리를 신고받아 이를 일정한 규칙을 근거로 평균을 내서 산출된다. 그런데 시세 참조 은행이 LIBOR를 참조하는 거액의 금융 상품이나 금융 거래를 담당하고 있기 때문에 공표되는 LIBOR가 조금이라도 높거나 낮은 것만으로 큰 이익이 발생하는 상황이 생긴다.

2012년 실제로 시세 참조 은행이 자신의 은행에게 유리해지도록 실세에서 동떨어진 금리를 신고한 사실이 드러났다. 전 세계에 많은 사람이 사용한 지표 금리이기 때문에 이는 국제 금융계를 뒤흔드는 엄청난 스캔들로 발전했다. 결국 분쟁 끝에 LIBOR의 공표 중지가 정해졌고 미국 달러의 일부 기간 금리를 제외하고 2021년 말에 공표가 중단되었다. 나머지 모든 것도 2023년 6월 말로 공표가 중단될 예정이다.

이로써 LIBOR를 대신할 새로운 변동 금리 지표가 필요하다. 특히 이미 존재하는 LIBOR를 참조해 거래한 지표 금리도 전환해야 한다. 내버려 두면 전 세계에서 변동 금리를 계산하지 못하는 사태가 일어날 수 있으므로 각국 당국이 앞장서서 새로운 지표 금리를 만들었다. 그것이 무위험 지표 금리Risk Free Rate, RFR라고 하는 도표 3-10의 금리다. 무위험 지표 금리라고 하는 이유는 이러한 금리가 전부 콜 시장과 같은 은행 간 자금 시장이나 레포 시장에서의 오버나이트 금리이며 실질적으로 리스크 프리라고 볼 수 있다는 점에서 기인했다.

	무위험 지표 금리 (오버나이트 금리)		크레디트 센시티브 (기간물 금리)
	후결정	선결정	선결정
JPY	TONA (무담보 익일물)	TORF (TONA 변동 금리와 변환할 수 있는 스와프율)	TIBOR※ (기간물 조달 금리)
USD	SOFR (레포 익일물)	Term SOFR (SOFR 스와프율/ SOFR 선물 금리)	BSBY BYI AMERIBOR
EUR	€STR (무담보 익일물)	(Term €STR… 예정)	EURIBOR*

※ 예전부터 사용되던 지표

도표 3-10 LIBOR의 뒤를 잇는 다양한 금리

　무엇을 지표 금리라고 할 것인지는 기본적으로 당사자가 자유롭게 선택할 수 있으므로 이러한 금리를 반드시 사용해야 하는 것은 아니다. 하지만 당국이 추천하는 LIBOR의 뒤를 잇는 금리라고 평가받고 있다.

　엔의 경우 TONA는 무담보 콜 익일물 거래 금리다. 새로운 지표 금리를 만들 때 실세에서 동떨어진 신고를 토대로 한 것이 아니라 실제로 거래된 금리를 사용한다는 점을 중시했다. 따라서 TONA도 일본은행이 그날의 실제 거래 금리에 관한 정보를 수집해서 거래 금액으로 가중 평균을 낸 값을 다음 날 확정값으로 공표하는 것을 사용한다.

한국에도 비슷한 방식으로 산출되는 무위험 지표금리가 있다. 바로 KOFR^{Korea Overnight Financing Repo Rate, 한국무위험지표금리}이다. 국채·통안증권 익일물 RP금리를 통해 산출되며 한국예탁결제원이 매 영업일 오전 11시까지 전영업일 KOFR을 공시한다.

KOFR는 금리의 안정성을 제고하기 위해 <상·하위금리 5% 절사 거래금액 가중평균 방식>으로 산출하고 있다.

①기초거래^{국채·통안증권 담보 원화 익일물 장외RP거래}를 금리기준으로 내림차순으로 정렬한다.

②가장 높은 금리의 거래로부터 전체 거래금액의 5%를, 가장 낮은 금리의 거래로부터 전체 거래금액의 5%를 제거한다^{전체 거래금액의 10% 제거}.

③잔존거래의 금리를 거래금액으로 가중평균하여 KOFR을 산출한다.

또한 미국에는 금융 정책의 대상이 되는 페더럴 펀드 금리가 있다. 무담보 콜 익일물 금리에 해당한다고 했지만 당국이 추천하는 LIBOR의 뒤를 잇는 금리로 뽑히지 못하고 그 대신 오버나이트 레포 금리인 SOFR[17]가 선정되었다. 레포 금리라는 것은 담보가 붙는 금리라서 신용 리스크가 한층 더 적다고 할 수 있다. 참고로 영국, 유럽^{유로}은 일본과 마찬가지로 무담보 오버나이트 금리, 미국과 스

---

17 Secured Overnight Financing Rate의 줄임말로 소파, 또는 소프라라고 한다.

위스, 한국은 담보가 붙는 오버나이트 금리가 뒤를 잇는 금리가 되었다.

변동 금리는 6개월마다 지급한다면 6개월 동안 적용되는 금리가 필요하다. 그런데 TONA 등 무담보 지표 금리는 1일뿐인 거래 금리다. 이를 6개월 동안 어떻게 적용할까? 여러 가지 계산 방법이 있는데 가장 기본적인 방법으로는 1일마다 그날의 무담보 지표 금리를 사용해서 6개월에 걸쳐 복리로 계산하고 그 결과에서 적용 금리를 계산한다. 이자 계산 기간에서 i 번째에 적용되는 TONA를 TONAi라고 하면

$$
\text{적용금리} = \left[\left(1 + TONA_1 \times \frac{1}{365} \right) \left(1 + TONA_2 \times \frac{1}{365} \right) \cdots \left(1 + TONA_n \times \frac{1}{365} \right) -1 \right] \times \frac{365}{\text{계산일수}}
$$

와 같이 계산할 수 있다.

각 TONA에 1/365을 곱하는 것은 각 TONA가 1일만 적용된다는 것을 의미한다. 이 부분은 주말이나 휴일을 포함하는 계산이므로 예를 들어 주말을 사이에 둔 금요일의 TONA라면 3/365이 된다.

[ ]의 마지막에서 1을 빼는 것은 6개월의 1일을 복리로 해서 원리합계 금액을 계산하고 거기에서 원금에 해당하는 1을 빼서 이자

부분을 산출하기 위함이다. 이것에 365/계산 일수를 곱해서 연율로 환산하면 적용 금리가 정해진다. 이 방식은 복리 계산을 전제로 하며 마지막의 $TONA_n$이 정해질 때까지 적용 금리를 확정하지 않는다는 점에서 후결정 복리 방식이라고 한다.

같은 무위험 지표 금리를 사용하더라도 상품이나 계약에 따라 다른 계산 방법을 채용하는 경우도 있으므로 그 점에는 주의하기 바란다.

지금 설명한 후결정 방식에 비해 기존의 LIBOR나 TIBOR의 경우 변동 금리의 적용 기간이 시작되기 전에 적용 금리를 확정하기 때문에 선결정 방식이 된다. 전문가끼리의 거래가 중심인 파생상품 등에서는 후결정이라도 문제없지만 채권이나 대출 등에서는 복잡한 계산이 필요하고 이자액도 쉽사리 확정되지 않는 후결정보다 선결정 방식이 바람직하다고 생각하기도 할 것이다.

그래서 여러 나라에서는 무위험 지표 금리와 값이 같지만 선결정으로 적용할 수 있는 지표 금리의 개발도 진행해 왔다. 이를 기간물 무위험 지표 금리라고 한다.

엔화에는 TORF[18]라고 하는 지표가 있는데 3개월물이나 6개월물 등이 공표되고 있다. 이는 6개월 TORF의 경우로 말하자면 기

---

18 정식 명칭은 도쿄 기간물 무위험 지표 금리(Tokyo Term Risk Free Rate)이며 토프라고 한다.

간 6개월의 금리 스와프 거래에서 TONA의 후결정 복리로 계산되는 변동 금리와 현시점에서 교환할 수 있는 고정 금리인 6개월물 스와프율로 산출된다.

시장에서 교환할 수 있다는 말은 TONA 후결정 복리의 변동 금리와 이 TORF는 현시점에서 값이 같은 금리이며 또한 6개월 동안 적용할 수 있는 금리가 현시점에서 정해지므로 선결정에 사용할 수 있다는 뜻이다. 미국 달러의 Term SOFR도 결정 규칙이 TORF와는 조금 다르지만 기본적으로는 같은 종류의 금리다.

한편 3개월 LIBOR나 6개월 TIBOR라는 것은 기간물 금리다. 은행 간의 대차 금리라는 의미에서는 TONA 등과 종류가 같지만 거래 기간이 다르다. 오버나이트 금리는 1일뿐인 돈의 대차이므로 대손 리스크가 거의 없다고 생각할 수 있다. 이에 비해 같은 은행을 상대하더라도 3개월 또는 6개월 동안 돈을 빌려주게 되면 대손 리스크를 조금은 의식해야 한다. 따라서 은행, 이 경우의 은행은 특정 은행이 아니라 은행 간 시장의 메인 플레이어인 대형 은행의 평균이라는 뜻인데 그 신용력, 다시 말해 크레디트 요소를 포함하는 금리라고 할 수 있다.

실제로 불량 채권의 증가 등으로 시장에서 은행에 대한 신용 리스크를 전반적으로 의식하게 되면 오버나이트 금리는 달라지지 않더라도 이러한 기간물 금리가 쉽게 오를 수 있다. 그런 점에서 기간물인 LIBOR나 TIBOR는 신용 리스크에 예민하다는 의미에서 크레디트 센시티브 지표 금리라고 한다.

이에 대해 기간물 무위험 지표 금리는 일정 기간에 선결정해서 적용할 수 있다는 의미에서는 같은 기간물이다. 하지만 리스크가 매우 적은 오버나이트 금리와 값이 같은=교환할 수 있는 금리이기 때문에 기본적으로 신용 리스크를 의식하지 않는 금리라고 할 수 있다. 그렇기에 기간물 무위험 지표 금리다.

여기서 은행 등이 기간물 거래로 자금을 조달해서 운용하는 경우를 생각해 보자. 기간물 자금 조달은 신용에 예민한 거래이므로 은행 전반의 신용 리스크가 나빠지면 조달 비용이 상승한다. 그렇다면 은행이 변동 금리형 대출을 해주거나 변동 이자부 채권에 투자할 때 그 지표 금리는 크레디트 센시티브 쪽이 바람직하다고 생각할 수 있다. 기간물에서의 조달 비용이 올라갔을 때 그와 동시에 운용 수익도 늘어나기 때문이다.

그런 점에서 신용에 예민한 지표 금리를 사용해 변동 금리를 계산하고 싶다는 요구가 일정 비율로 생겨난다. 엔의 경우라면 예전부터 사용되던 TIBOR가 있다. 유럽의 공통통화 유로에도 EURIBOR[19]라고 하는 LIBOR와 유사한 기존의 지표 금리가 있다. 이런 금리들은 LIBOR와는 달리 공표 중단이 예정되어 있지

---

19 EURO Interbank Offered Rate의 줄임말이며 유리보라고 한다.

않으므로 앞으로도 계속 이용될 것이다20.

한편 미국 달러에는 원래 LIBOR와 유사한 지표 금리가 달리 없었는데 LIBOR 공표 중단을 주목해서 새로운 크레디트 센시티브 지표 금리기 개빌되고 있다.

이렇듯 LIBOR 공표 중단 후의 변동 금리 세계는 무위험 지표 금리후결정를 중심으로 기간물 무위험 지표 금리선결정, 크레디트 센시티브 기간물 금리선결정 등 다양한 지표 금리가 요구에 따라 구분해서 사용된다.

---

20 특히 유로에서는 예전부터 EURIBOR를 활발하게 이용했기 때문에 앞으로도 활발한 활동이 지속될 것으로 예상된다.

4

채권 가격과
금리의 관계

채권
이율이란?

채권 가격과 금리의 관계는 금리를 둘러싼 가장 성가시면서도 매우 중요한 주제다. 원래 채권에는 매우 많은 종류가 있는 데다 그 투자 상품으로서의 가치를 다양하게 계산해 봐야 알 수 있는 부분이 있는 탓에 까다롭게 느껴진다. 하지만 한편으로 경제나 다른 금융시장에 매우 큰 영향을 주는 장기 금리는 기본적으로 이 채권 거래를 통해 수준이 정해진다. 그래서 장기 금리를 이해하려면 채권과 금리의 관계를 아는 것이 매우 중요하다.

다시 한번 설명하자면 채권은 나라나 기업이 돈을 빌리기 위해서 발행하는 유가 증권이며 이른바 매매할 수 있는 차용증서와 같다. 지금은 '문서'가 존재하지 않지만 예전에는 도표 4-1과 같은 종이 문서를 실제로 인쇄해서 사용했다.

①은 돈을 빌리는 주체인 채권 발행체의 이름과 채권의 종류나 회호라고 하는 번호를 표시하는 부분이다. 회호는 종류가 같은 채권 중에서 몇 번째로 발행했는지를 나타내는 번호다.

②는 빌린 원금의 금액을 나타내는 부분이며 채권 용어로는 액면 금액이라고 한다. 액면 금액과 함께 기재하는 기일은 원금의 변제일, 즉 만기일이며 상환일이라고 표현하기도 한다.

도표 4-1 채권의 권면 이미지

③은 이자를 나타내는 부분이다. 참고로 이자가 붙지 않는 채권할인채권이나 이자액이 확정되지 않은 상태로 발행되는 채권변동 이자부 채권도 있는데 대체로 발행할 때 설정한 고정 금리로 이자를 계산한다. 이 일반적인 유형의 채권은 고정 금리부 채권이라고 한다.

③의 부분은 이자표, 영어로는 쿠폰이라고 하며 하나씩 떼어낼 수 있어서 기일이 온 부분을 취급 금융기관에 가져가면 이자를 받을 수 있다. 이런 점에서 채권의 이자를 일반적으로 쿠폰이라고 하는데 이는 문서로서의 채권이 발행되지 않는 지금도 변함없다.

이 쿠폰은 원금액면 금액에 채권을 발행할 때 정한 고정 이율과 6개월이라면 6개월의 기간을 곱해서 계산한다. 이율쿠폰 레이트은 어떻게 정해질까? 기본적으로는 발행할 때의 시장 금리 수준에 따라 정한다.

여기까지는 딱히 어려운 점이 없겠지만 채권의 특징은 이것이 시장에서 자유롭게 매매된다는 점에 있다. 그 매매의 결과 당연히 가격이 점점 변화한다.

채권의 가격은 한국의 경우는 10,000원당 표시되는 것이 일반적이다. 하지만 계산의 편의성을 위해 액면가가 100원이라 생각하고 이야기를 진행하겠다.

도표 4-2의 표로 나타낸 채권이 있는데 먼저 이 채권을 100원에 구입했을 때를 생각해 보자. 그 경우 처음에 100원을 투자하고 이에 대해 연당 5원액면 100원에 5%를 곱한 금액의 쿠폰을 받아서 만기 시에는 원금 100원이 돌아온다는 캐시 플로가 형성된다. 투자한 금액(100원)에 대해 해마다 5%(5원)의 이익을 얻을 수 있으며 그 외에는 손익이 발생하지 않으므로 연당 수익률은 5%가 될 것이다.

그러나 이 채권을 시장에서 언제나 딱 100원에 살 수 있다고 할 수는 없다. 97원을 주고 샀다고 하면 어떨까?

이 채권의 원금은 원래 100원이지만 채권에 투자하는 투자가의 시선으로 생각하면 이 채권을 얻는 데 낸 금액이 97원이므로 이것이 투자가에게 원금투자 원금이 된다. 따라서 채권 투자의 수익성을 평가할 때도 이 97원에 대해 어느 정도의 이익을 얻을 수 있는지 계산해야 한다.

　도표 4-2의 하단 그림은 그때의 캐시 플로를 그림으로 나타낸
것이다. 처음에 97원을 내고 그 금액에 대해 연간 이자 5원을 받을
수 있는 데다 만기 시에는 97원으로 산 채권이 100원이 되어 돌아
오므로 추가 수익 3원이 발생한다. 그 모든 수익을 투자 원금인 97
원에 대한 비율로 구하면 채권 투자의 수익성을 비로소 평가할 수
있다. 이 경우 직감적으로 수익률이 5%보다 더 높아진다고 예상할
수 있지 않은가? 이렇듯 채권을 구입했을 때의 가격을 근거로 해서
투자가의 수익률을 계산한 것이 채권 이율이다.

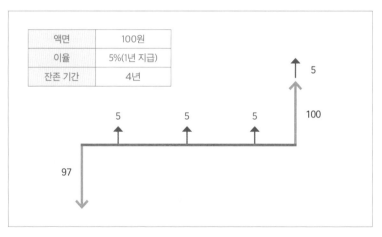

도표 4-2 고정 이자부 채권의 캐시 플로 사례

　여기서 눈치챘을 수도 있는데 지금 이야기에는 금리가 이중으
로 등장한다. 바로 쿠폰 금리와 이율이다. 쿠폰 금리는 채권을 발
행할 때 정한 이자의 계산 비율이다. 채권을 100원에 구입한다면

이 쿠폰 금리는 그대로 이율이 되지만 100원 이외의 가격으로 구입하면 쿠폰 금리는 그것만으로 투자가의 수익성을 판정할 수 없다. 97원을 주고 산 것이 100원이 되어 돌아온다는 다른 수익 요소가 추가되기 때문이다. 따라서 투자가의 수익성을 판정하려면 별도로 이율을 계산해야 한다.

또한 앞에서 잠깐 언급한 할인채권은 제로 쿠폰 채권이라고도 하는데 이름 그대로 쿠폰이 없는 채권이다. 이자가 붙지 않는 채권이 왜 존재할까? 다음의 설명으로 확실히 알 수 있다. 쿠폰이 없어도 100원 이하의 할인 가격으로 구입할 수 있으면 만기 시에는 100원이 되어 돌아오므로 (100-가격)만큼 투자가의 수익이 된다. 투자가는 쿠폰이든 가격 차이든 이익을 얻을 수 있으면 그만이므로 쿠폰이 없는 것은 딱히 상관없다.

할인채권은 이처럼 액면에서 할인된 가격으로 거래하는 것을 전제로 하기 때문에 할인채권1이라고 한다.

---

1 마이너스 금리의 세계에서 할인채권의 가격은 100원이 넘는다. 100원 이상을 주고 구입해서 만기 시에 100원이 돌아오므로 (100-가격) 부분이 마이너스가 되어 투자가는 손실을 입는다. 투자가가 손실을 입어서까지 채권을 구입하는 이유는 CHAPTER 7에서 설명하겠지만, 아무튼 이 경우 할인채권은 이미 할인 가격으로 구입할 수 없다. 그런 때에도 '할인채권'이라고 한다.

채권 이율의 계산 방법

단리 이율

채권 이율을 계산하는 방법에는 크게 나눠서 단리 이율과 복리 이율이 있다. 먼저 단리 이율을 구하는 방법부터 살펴보겠다.

단리 이율은 단리의 개념을 이용해 수익성을 계산하는 방법이다. 이미 CHAPTER 2에서 언급했듯이 투자 원금에 대한 수익액의 비율을 연당 환산하면 수익률을 구할 수 있는데 이것이 단리 이율이다. 다시 한번 정리하면 다음과 같다. 앞에서와 마찬가지로 계산의 편의성을 위해 액면가가 100원이라 생각하고 이야기를 진행하겠다.

$$단리 이율 = \frac{1년당\ 수익액}{투자\ 원금}$$

　채권의 경우 액면 100원당으로 생각하면 분모의 투자 원금은 구입 가격일 뿐이다. 도표 4-2의 하단 그림의 경우라면 97원이다. 그럼 분자의 수익액, 다시 말해 채권 투자의 수익원에는 두 가지가 있다. 하나는 쿠폰이다. 이 사례에서는 1년 동안 액면 100원당 5원을 받을 수 있다. 또 다른 수익원은 97원에 구입한 채권이 만기 시에 100원이 되어 돌아온다는 부분이다. 이 차액 3원도 역시 투자가에게는 수익이다[2]. 그러나 이 수익 3원은 4년 후 만기 시에 실현되는 것이므로 4년에 걸쳐 발생하는 수익이다. 이율은 어디까지나 연당으로 계산하기 때문에 이 3원을 연수 4로 나눠서 1년당 0.75원으로 계산한다.

　마지막으로 두 수익원에 따른 1년당 수익액을 투자 원금인 가격으로 나눠서

$$단리 이율 = \frac{5 + \dfrac{100 - 97}{4}}{97} = 5.928\%$$

2　채권 가격은 액면의 100원을 초과하기도 하는데 그런 경우에는 (100-가격)이 마이너스가 된다. 한편 쿠폰은 0이 하한이며 마이너스 쿠폰의 채권은 존재하지 않는다. (100-가격) 부분의 마이너스가 쿠폰 부분의 플러스를 웃돌면 이율이 마이너스가 된다.

로 계산할 수 있다. 숫자가 아니라 말로 표현하면

$$\text{단리 이율} = \frac{\dfrac{\text{쿠폰}}{\text{(100원당 1년 동안의 쿠폰)}} + \dfrac{100 - \text{가격}}{\text{만기까지의 연수}}}{\text{가격}}$$

이라고 할 수 있다. 할인채권의 경우에는 쿠폰 부분이 없어질 뿐이며 나머지는 같은 방법으로 계산할 수 있다.

단리 이율은 알기 쉬워서 빨리 사용하려면 이걸로 충분하다. 그러나 이 단리 이율은 정확성이 조금 떨어지는 면이 있다. 이는 수익이 발생하는 시기를 고려하지 않은 점에서 유래한다.

채권 투자의 수익원 두 가지 중 쿠폰은 대부분의 경우 매년 또는 6개월마다 받을 수 있다. 그에 비해 액면 금액과 구입 가격의 차는 만기까지 보유해야 비로소 실현된다. 만기까지의 잔존 연수가 짧으면 별문제가 없는데 채권의 경우에는 40년채나 경우에 따라서는 기간이 좀 더 긴 채권도 있다. 6개월 후나 1년 후에 받을 수 있는 수익과 40년 후가 되어야 받을 수 있는 수익을 단순히 더해서 계산하는 것은 정말로 지나치게 대략적이다.

구체적으로 무엇이 문제일까? 빠른 시기에 받은 수익은 그것을 다시 운용에 사용할 수 있다는 점이다. 금리가 플러스라면 빠른 시기에 얻은 이익은 다시 운용 이익을 만들어내므로 같은 금액이라고 해도 늦은 시기에 받을 수 있는 수익보다 가치가 있다. 이를 단리 이율에서는 계산에 전혀 넣지 않는다.

채권 투자에서는 비슷한 거래 품목[3]의 채권 중에서 수익성이 더욱 높은 것을 선택해 투자해야 한다. 일반적으로 채권 투자는 취급하는 금액이 크기 때문에 얼마 안 되는 수익률의 차이가 큰 차이를 만들어낸다. 좀 더 정확하게 수익성을 비교하려면 엄밀한 지표를 이용해야 하는데 그때 등장하는 것이 복리 이율이다.

복리 이율★

복리 이율은 단리 이율만큼 정의하기가 쉽지 않다. 먼저 쿠폰이 $C\%$(1년 지급), 만기까지의 연수 n년, 현재 시장 가격이 P원, 액면이 100원인 고정 이자부 채권의 이율을 1년 복리로 계산할 때의 일반적인 정의식을 살펴보겠다.

---

3 채권 등 유가 증권의 각 명칭, 종류를 말한다. 나라가 발행하는 국채를 예로 들면 만기일, 쿠폰 금리 등 조건이 다른 다양한 채권이 발행되며 제각각 거래 품목이 된다.

$$\frac{C}{1+r} + \frac{C}{(1+r)^2} + \cdots + \frac{C+100}{(1+r)^n} = P \quad \cdots \quad 식①$$

C, n, P의 값을 다 알고 있다고 하면 이 식의 양변을 같게 하는 r 이 1년 복리 이율이 된다. 이해하기 쉽게 'r=……'이라는 형식의 식 이 되지 않은 이유는 그런 형태로 나타낼 수 없기 때문이다.

이 상태라면 이해하기 어려우므로 일단 쿠폰이 없는 할인채권 을 예로 들어 보겠다. 위의 식에서 C가 전부 0이 되므로

$$\frac{100}{(1+r)^n} = P$$

가 되며 이걸로 한눈에 쏙 들어올 것이다. 식의 좌변은 1년 복리 이율을 r로 했을 때 n년 후에 100원을 받을 수 있는 할인채권 가격 을 계산하는 식이다. 이 식은 복리의 개념을 설명했을 때 등장한

$$P \times (1+r)^n = 100$$

이라는 식을 변형한 것일 뿐이다. 여기서 P, n을 안다고 했을 때 양변을 같게 하는 r이 1년 복리 이율이다.

이 할인채권의 경제 효과로는 지금 P원으로 구입하면 n년 후에 100원이 되어 돌아오는 것을 알고 있다. 이를 '지금의 P원을 어느

특정 금리 r로 1년 복리를 이용해 n년 동안 운용했더니 100원이 되었다'라고 다시 파악해서 그때의 금리 r이 어느 정도의 수준인지 계산한다는 의미다.

좀 더 다른 말로 표현하자면 지정 금리로 반드시 1년 복리로 운용해주는 금융기관이 있다고 하고 처음에 P원을 맡겨서 이 할인채권과 같은 경제 효과를 실현하려면 어느 정도의 금리가 필요한지를 생각해 이를 할인채권의 수익률로 이용한다. 다른 할인채권의 경제 효과를 다 똑같이 1년 복리 운용으로 재현했을 때 거기에 이용할 수 있는 금리가 높은 쪽이 유리하게 운용되는 것이 분명하다. 따라서 수익성을 비교할 수 있다는 것이다.

참고로 할인채권의 경우에는 이 r을 쉽게 풀 수 있다.

$$P \times (1+r)^n = 100$$

의 양변을 P로 나눠서

$$(1+r)^n = \frac{100}{P}$$

양변을 $\dfrac{1}{n}$ 제곱하면

$$1+r = \left(\dfrac{100}{P} \right)^{\frac{1}{n}}$$

따라서

$$r = \left(\dfrac{100}{P} \right)^{\frac{1}{n}} - 1$$

이다.

그런데 현재 1년 복리 이율은 1년 복리 운용으로 할인채권의 경제 효과를 재현할 때 필요한 금리였기 때문에 6개월 복리 운용으로 할인채권의 경제 효과를 재현할 때 필요한 금리를 생각할 수도 있다.

$$p \times \left(1 + \dfrac{r}{2} \right)^{2n} = 100$$

$$\therefore r = \left[\left(\dfrac{100}{p} \right)^{\frac{1}{2n}} - 1 \right] \times 2$$

가 된다. 물론 이외에도 1개월 복리나 연속 복리 등 여러 가지 복리 계산을 근거로 해서 이율을 계산할 수 있다. 하지만 식이 각각 다르면 당연히 값도 저마다 다르기 때문에 자신이 어느 복리 계산을 전제로 해서 이율을 계산하는지 명확히 해 놓아야 한다.

한편 여기에는 조금 이해하기 어려워서 오해를 부를 만한 점이 있다. 이율 계산에는 어떤 복리 계산을 사용해도 상관없다는 점이다. 원래 복리의 개념을 설명할 때 도중에 발생한 이익을 재운용에 사용하는 것이 복리라고 했다. 그런데 여기에서는 대상이 할인채권이므로 도중에 수익이 발생하지 않는다. 그래도 '그 경제 효과를 어떤 복리 운용으로 바꾸면 금리 몇 %에 해당하는가?'라는 계산을 하는 것이니까 실제로는 어떤 복리로 계산해도 상관없다.

그럼 쿠폰이 존재하는 원래의 식①로 돌아가 보자. 액면 100원, n년 후 만기인 할인채권 가격을 $\dfrac{100}{(1+r)^n}$ 으로 표시하는 점에서 보면 식①의 좌변 첫 항의 $\dfrac{C}{(1+r)}$ 은 1년 후에 액면 C원을 받을 수 있는 할인채권 가격을 계산하는 식으로 볼 수 있다. 이와 마찬가지로 두 번째 항의 $\dfrac{100}{(1+r)^2}$ 는 2년 후에 액면 C원을 받을 수 있는 할인채권 가격을 계산하는 식, 마지막 항은 n년 후에 액면 $(C+100)$원을 받을 수 있는 할인채권 가격의 계산식이다. 이 식들은 고정이자부 채권에서 발생하는 모든 캐시 플로를 각각 할인채권으로 판단해서 그 할인채권의 가격을 합한 것이 고정 이자부 채권 가격과 같아지는 것을 나타낸다.

바꿔 말하자면 같은 이율을 가진 여러 할인채권을 조합해서 고정 이자부 채권의 경제 효과를 재현할 수 있다고 하면 그 할인채권의 공통 이율은 몇 %가 되는지 계산하는 것과 같다. 정의식은 언뜻 복잡하게 보일 수 있는데 결국 앞에서 설명한 할인채권의 이율 계산 여러 개를 조합했을 뿐이다.

따라서 고정 이자부 채권의 경제 효과를 재현하는 할인채권의 공통 이율이 6개월 복리나 연속 복리로 계산된 것이라고 해도 전혀 문제없다. 일반적인 교재에 쓰인 복리 이율 정의식은 앞에서 나타냈듯이 쿠폰 1년 지급 채권을 1년 복리로 계산한 사례(또는 6개월 지급 채권을 6개월 복리로 계산한 사례 → 식④)가 많다. 그래서 쿠폰 지급 주기에 맞춰서 복리로 계산해야 한다고 생각하는 사람도 많은데 완전히 오해다. 쿠폰 1년 지급 채권이라도 다음과 같이 하면 6개월 복리 이율을 계산할 수 있다.

$$\frac{C}{\left(1+\frac{r}{2}\right)^2} + \frac{C}{\left(1+\frac{r}{2}\right)^4} + \cdots + \frac{C+100}{\left(1+\frac{r}{2}\right)^{2n}} = P \quad \cdots \quad 식②$$

단순히 1년 복리의 $(1+r)^i$ 이 6개월 복리인 $\left(1+\frac{r}{2}\right)^{2i}$ 로 바뀌었을 뿐이다. 그러나 같은 r이라는 기호로 나타냈지만 구하는 값은 당연히 다른 점에는 주의하기 바란다.

이는 실무 세계에서 매우 중요한 점이다. 이율은 여러 투자 대상 중에서 수익성이 높은 것을 선택하는 것이 하나의 목적이므로 비교하는 이율 계산 기준을 맞춰 놓아야 한다. 따라서 쿠폰이 발생하느냐 마느냐 또는 쿠폰이 1년마다 지급되느냐 6개월마다 지급되느냐와 상관없이 같은 복리 계산을 근거로 하는 이율로 비교해야 한다.

1년 복리 이율 및 6개월 복리 이율의 정의식을 다음과 같이 표시해 놓겠다. 또한 이 식의 좌변 첫 번째 항은 6개월 후에 받을 수 있는 6개월 치 쿠폰을 할인채권으로 봤을 때의 가격, 두 번째 항은 1년 후에 받을 수 있는 6개월 치 쿠폰을 할인채권으로 봤을 때의 가격이다.

(1년 복리 이율)

$$\frac{\frac{C}{2}}{(1+r)^{\frac{1}{2}}} + \frac{\frac{C}{2}}{(1+r)} + \cdots + \frac{\frac{C}{2}+100}{(1+r)^n} = P \quad \cdots\cdots \text{식③}$$

(6개월 복리 이율)

$$\frac{\frac{C}{2}}{\left(1+\frac{r}{2}\right)} + \frac{\frac{C}{2}}{\left(1+\frac{r}{2}\right)^2} + \cdots + \frac{\frac{C}{2}+100}{\left(1+\frac{r}{2}\right)^{2n}} = P \quad \cdots\cdots \text{식④}$$

엑셀을 사용한 계산 방법★

쿠폰 1년 지급 고정 이자부 채권의 1년 복리 이율은 처음에 제시한 정의식 ①의 양변을 같게 하는 r이었다. 그러나 이 r을 어떻게 구해야 할까?

이 식의 r은 할인채권일 때와 같이 수학적으로 풀어서 구할 수 없다. 따라서 시행착오로 적당한 r을 넣어서 정답에 다가가는 수밖에 없다. 이를 수렴 계산이라고 한다. 물론 실무에서 일일이 그런 계산을 할 필요는 없으며 다양한 계산 소프트웨어에서 해당하는 함수 기능이 마련되어 있다.

엑셀의 경우에는 IRR 함수라고 하는 것이 있다. 도표 4-2의 사례로 보면 1년마다 지급하거나 받는 캐시 플로를 액면 100원당 -97, (+)5, 5, 5, 105로 나타낼 수 있다. 이 캐시 플로를 나타내는 수열을 워크시트의 어딘가에 만들어 놓고 IRR 함수를 사용해 '=IRR(……)'의 괄호 안에 그 수열 범위를 지정하면 ①식의 좌우를 같게 하는 r을 자동적으로 찾아준다(도표 4-3).

▲	A	B	C	D	E	F
1	1년 복리 이율 계산			6개월 복리 이율 계산		
2						
3	(년)	CF		(년)	CF	
4	0	-97		0	-97	
5	1	5		0.5	0	
6	2	5		1	5	
7	3	5		1.5	0	
8	4	105		2	5	
9				2.5	0	
10				3	5	
11		5.863%		3.5	0	
12		↑		4	105	
13		=IRR(B4:B8)				
14						
15					5.780%	
16					↑	
17					=IRR(E4:E12)*2	
18						
19						

도표 4-3 엑셀을 사용한 이율 계산

　　IRR 함수는 지정 범위에 나열한 숫자마다 복리 계산을 하게 되어 있으므로 1년마다 발생하는 캐시 플로를 지정하면 그대로 1년 복리 이율을 계산한다. 6개월 복리 이율을 계산하려면 어떻게 해야 할까? 지정하는 캐시 플로를 6개월마다 발생하는 것으로 하면 6개월별 복리 계산을 해준다. 하지만 그 상태로는 6개월당 이율일 뿐이므로 마지막에 이것을 연율로 환산해야 한다. 6개월을 1년의 2분의 1로 하고 6개월 치를 2배로 하면 1년 치가 되므로

$$=IRR\ (\cdots\cdots)*2$$

로 연율의 6개월 복리 이율(식② 또는 식④의 r)을 계산할 수 있다.

하지만 예로 든 채권은 쿠폰 1년 지급이므로 6개월마다 캐시 플로가 발생하지 않지만 그래도 상관없다. 실제로는 캐시 플로가 발생하지 않는 부분은 0으로 하면 된다. 즉 -97, 0, 5, 0, 5, 0, 5, 0, 105라고 하면 앞의 설명과 똑같은 캐시 프로를 6개월마다 수열로 바꿀 수 있다.

그렇다고 하면 이는 할인채권을 계산할 때도 사용할 수 있다. 가격 99원으로 2년 후에 만기인 할인채권이 있었을 때 1년 복리로 계산하면 -99, 0, 100이라는 캐시 플로를 IRR 함수로 지정하면 1년 복리 이율을 계산할 수 있다. 6개월 복리라면 -99, 0, 0, 0, 100이라는 캐시 플로를 IRR 함수로 지정해 두 배로 하면 6개월 복리 이율을 구할 수 있다.

IRR 함수의 결점은 캐시 플로의 발생 시기에 관한 정보를 참조하지 않기 때문에 어디까지나 주어진 캐시 플로가 일정한 간격으로 나열된 것으로 계산하는 점이다. 그렇기에 캐시 플로의 간격이 일정하지 않을 경우에는 정확하게 계산할 수 없다.

그런 경우를 위해서 XIRR 함수라는 것이 있는데 캐시 플로뿐만 아니라 그 발생 날짜도 지정할 수 있다. 이 함수를 사용하면 발생

간격이 일정하지 않은 캐시 플로라도 복리 이율을 정확하게 계산할 수 있다. 단 이 함수는 주어진 캐시 플로의 발생 간격과 상관없이 다 1년 복리로 이율을 계산하므로 그 점에 주의해야 한다.

참고로 1년 복리 이율과 6개월 복리 이율은 다음과 같이 언제든지 쉽게 서로 변환할 수 있다.

1년 만기인 할인채권의 가격을 P라고 하면 이 할인채권에 대한 투자는 지금의 P원이 1년 후에 100원이 된다는 효과를 만들어낸다. 1년 복리 이율은 이를 $P \times (1+r) = 100$ 으로 보고 r을 역산한 것이었다. 같은 것을 6개월 복리로 보면 $P \times \left(1+\dfrac{r'}{2}\right)^2 = 100$ 이 된다. 이 두 식은 같은 것을 다른 형태로 표현했을 뿐이므로 반드시

$$(1+r) = \left(1+\frac{r'}{2}\right)^2$$

이 성립한다. 따라서 r'(6개월 복리 이율)을 알고 있다면 r(1년 복리 이율)은

$$r = \left(1+\frac{r'}{2}\right)^2 - 1$$

로 쉽게 구할 수 있다. 반대로 1년 복리 이율 r을 알고 있다면 6개월 복리 이율 r'은

$$r' = \left[(1+r)^{\frac{1}{2}} - 1 \right] \times 2$$

가 된다. 간단한 1년 만기 할인채권을 예로 들어 설명했지만 이 변환식은 어떤 캐시 플로에 대해서도 언제든지 사용할 수 있다.

내부 수익률(IRR)과 다양한 이율★

엑셀의 함수 기호로도 쓰이는 IRR은 실제로 금융 업무에서 매우 흔히 쓰이는 용어이며 내부 수익률Internal Rate of Return의 영어를 줄여서 표기한 말이다. 예를 들면 어떤 프로젝트에 대한 투자나 임대 빌딩 등의 상업용 부동산 투자 등에서 수익성을 판단하거나 관리할 때 필수적인 수익성 지표다. IRR 함수는 원래 이 내부 수익률을 계산하는 함수이므로 채권의 복리 이율이란 결국 채권 투자에 적용되는 내부 수익률을 말한다.

지금까지 설명한 이율은 채권을 만기까지 보유한다고 하면 수익성이 어느 정도인지 계산하는 것이었다. 그러나 채권은 만기가 되기 전이라도 마음대로 매각할 수 있는 특징이 있어서 도중에 매각하면 그 매각 가격에 따라 수익성이 크게 변화한다. 그런 의미에서 지금까지 설명한 이율은 '만기까지 보유한다고 가정했을 경우의 수익률'에 지나지 않으며 엄밀히 말하자면 최종 이율이라고 한다.

최종 이율이 있다는 것은 그렇지 않은 이율도 있다는 말이다. 예를 들면 만기까지 5년인 채권을 현재 시장 가격으로 구입하고 2년 후에 매각한다고 하면 수익률이 얼마나 되는지도 계산할 수 있다. 이를 소유 기간 이율이라고 한다.

하지만 소유 기간 이율은 매각 가격이 사전에 확정되어 있지 않은 탓에 거기에 어떤 가정을 두고 계산하게 된다. 가격이 현재 수준에서 변동이 없다거나 이 정도 올라가거나 내려가면 어떻게 될 것인지 가정한 계산으로 일종의 시뮬레이션 계산이라고 할 수 있다. 도중에 매각하는 것을 전제로 한다면 사전에 이런 시뮬레이션을 다양하게 해보는 것이 중요하다. 그런데 그런 이율은 계산의 전제가 된 매각 가격을 가정하기 나름이며 시장의 공통언어가 되기는 어렵다. 그래서 매우 평범하게 이율이라고 하면 최종 이율을 나타내는 것이 일반적이다.

설명하는 김에 한 가지만 더 소개하자면 실효 이율이라는 이율도 있다. 이것은 도중에 발생하는 쿠폰을 특정 비율로 재운용했을 때의 최종적인 투자 성과를 이율로 표시하는 것이다.

할인채권의 경우에는 실효 이율이 최종 이율과 늘 똑같다. 도중에 쿠폰이 발생하지 않아서 재운용을 고려할 여지가 없기 때문이다. 다시 말해 할인채권의 최종 이율은 투자의 최종 성과를 명시하는 이율이라고 할 수 있다.

한편 고정 이자부 채권의 경우에는 도중에 발생하는 쿠폰의 재운용 이율에 따라 투자의 최종 성과가 달라진다. 즉 만기까지 쭉 보유했다고 해도 그 투자 성과에 차이가 조금 생긴다. 그래서 이 정도의 비율로 재운용하면 최종 성과가 어떻게 될 것인지 계산해서 구하는 것이 실효 이율이다. 재운용 비율을 가정해야 하기 때문에 역시 일종의 시뮬레이션 계산과 같다. 참고로 모든 쿠폰의 재운용 비율이 최종 이율과 같다고 가정하면 실효 이율은 최종 이율과 같아진다.

이렇게 보면 같은 개념으로 계산한 할인채권의 이율과 고정 이자부 채권의 이율은 조금 의미가 다르다는 사실을 알 수 있다. 할인채권의 이율은 만기까지 보유한 경우 얻을 수 있는 확정 수익률이다. 하지만 고정 이자부 채권의 이율은 확정 수익률이 아니라 최종적인 투자 성과가 거기에서 조금 어긋날 수 있다.

이를 조금 다른 관점에서 살펴보겠다. 복리 이율의 정의식에서는 캐시 플로의 발생 시기를 고려해 계산했다. 그것이 단리 이율보다 복리 이율이 더 정확한 수익성 지표가 되는 커다란 이유였다. 그런데 사실은 복리 이율에도 문제가 있는데 발생 시기가 다른 모든 캐시 플로에 똑같은 r이 적용되는 것이 전제라는 점이다. 기간이 다르면 보통은 금리 수준도 달라지는데 그 점을 고려하지 않았다.

원래 이는 고정 이자부 채권 이율 자체의 한계다. 채권 하나의 수익성을 숫자 하나로 나타내려고 하는 것이 이율의 역할이다. 따라서 여러 캐시 플로를 보유한 채권이라면 그 모든 것에 똑같은 r

을 적용한다고 가정해야 단 하나의 이율 값을 구할 수 있다.

그 결과 고정 이자부 채권의 이율은 어느 연한에 발생하는 캐시 플로에 대응하는 금리인지, 다시 말해 몇 년 금리인지 확실하지 않아서 모호한 금리가 된다.

이 모호함은 할인채권의 이율에는 존재하지 않는다. 할인채권의 이율은 대응하는 장래의 캐시 플로가 하나뿐이라서 그것이 몇 년 금리인지 명확하다. 따라서 엄밀한 금융 이론의 세계에서는 금리라고 하면 기본적으로 할인채권의 이율을 말한다. 이를 현물 이자율Spot Rate 또는 제로 금리Zero Rate라고 한다.

엄밀히 말하자면 할인채권의 이율뿐만 아니라 장래의 캐시 플로가 만기 시에만 발생하는 캐시 플로에 대한 금리가 전부 현물 이자율 또는 제로 금리다. 아무튼 이 책에서는 자세한 부분까지 파고들지는 않겠지만 금융 상품의 가치를 엄격하게 평가하려면 이러한 금리를 사용해야 한다.

채권 가격과
이율의 관계

여기까지는 시장에서 거래되는 채권 가격을 전제로 하여 그 가격으로 채권을 구입하면 수익률이 어떻게 되는지 생각해 봤다. 그럼 그 전제가 되는 채권 가격은 어떻게 정해질까?

시장에서의 거래이므로 당연히 수요와 공급에 따라 정해진다. 사는 사람이 많으면 가격이 올라가고 파는 사람이 많으면 가격이 내려간다. 그렇다면 사는 사람은 무엇을 기준으로 이 가격에는 이 채권을 사고 싶다고 판단할까?

그 기준은 이율이다. 그 가격으로 이율을 충분히 확보할 수 있다면 사고 싶다거나 반대로 이율이 이 정도까지 내려가면 팔고 싶다는 등 투자가와 채권 딜러는 가격의 이면에 있는 이율을 살피며 매매를 판단한다.

채권 거래는 최종적으로 가격을 정해서 거래하기는 하지만 실질적으로는 이율을 거래하는 것이라고 할 수 있다.

사는 사람에게는 최대한 높은 이율로 살 수 있으면 금상첨화지만 결국 시장에서 거래되는 이율 이상은 목표로 할 수 없다. 지금 시장에서 거래되는 이율로 사야 할지 말지를 판단하는 수밖에 없다는 말이다. 이는 파는 사람에게도 마찬가지다. 파는 사람은 계속 보유하면 당연히 얻을 수 있는 이율이 충분히 떨어졌을 때 팔고 싶을 테지만 역시 시장에서 거래되는 이율로 팔아야 할지 말지를 판단해야 한다.

이렇게 해서 채권 시장에서의 거래를 통해 도표 3-3에서(78쪽 참고) 나타낸 기간별 이율 수준이 저절로 형성된다. 이 중에서 1년 초과 부분을 장기 금리라고 한다.

다음으로 채권 이율의 수준은 어떤 요인으로 정해지는지도 주목해야 할 점이다. 그 점은 CHAPTER 5에서 살펴보기로 하고 여기에서는 시장에서의 채권 이율 수준이 달라질 때 채권 가격이 어떻게 변화히는가에 초점을 맞춰 보겠다.

먼저 금리 수준이 올라가서 채권 이율도 올라가는 경우를 생각해 보자.

나른 금리가 올라가면 왜 채권 이율도 올라갈까? 그 이유는 그런 것이기 때문이다. 다양한 금리는 움직이는 방법이 다른 것은 물론이지만 기본적으로 연동해서 움직인다. 그 과정을 굳이 설명하자면 다음과 같다.

예를 들면 같은 기간에 돈을 빌릴 경우 은행에서의 차입 금리가 올라가는데 채권 이율이 낮은 상태를 유지한다면 채권을 발행해서 낮은 비용의 자금을 조달할 수 있기 때문에 그쪽을 선호한다. 투자가의 입장에서 보면 이야기는 정반대가 된다. 채권 이율이 다른 금리 수준만 못하다면 채권 투자를 보류하게 된다. 그렇게 하면 채권을 통해 돈을 빌리려고 하는 사람이 늘어나며 채권을 통해 돈을 빌려주려고 하는 사람이 줄어들어 금리가 올라간다. 그 상승 압력은 채권 이율이 다른 금리 수준과 맞지 않는 수준이 될 때까지 지속된다.

이를 가격이라는 관점에서 바라보면 채권을 발행하는 사람이 늘어나고 투자가가 줄어든다는 것은 파는 사람이 늘어나고 사는 사람이 줄어드는 것과 마찬가지라서 가격이 내려진다. 돈을 빌려주는 사람과 빌리는 사람의 관계로 보면 금리 상승, 채권을 사는 사람과 파는 사람의 관계로 보면 가격 하락이라는 의미다. 결과적으로 금리 수준이 올라가면 채권 이율은 상승하며 채권 가격은 하락한다.

이 이율과 채권 가격이 역방향의 관계가 되는 점이 중요하다. 이율과 채권 가격은 동전의 앞뒷면과 같으므로 어느 쪽이 먼저이고 어느 쪽이 나중인지 생각할 필요는 없다. 이율 상승과 채권 가격 하락은 똑같은 현상을 다른 시점으로 보는 것에 지나지 않는다.

가격이 주어졌을 때 이율을 계산하는 방법은 이미 설명했는데 이를 다시 한번 살펴보면 이 관계는 매우 명확하다. 의미를 이해하려면 단리 이율이 알기 쉬우므로 고정 이자부 채권에 관한 단리 이율 식을 다시 등장시키겠다.

$$단리\ 이율 = \frac{\dfrac{쿠폰}{(100원당\ 1년\ 동안의\ 쿠폰)} + \dfrac{100-가격}{만기까지의\ 연수}}{가격}$$

음영 부분과 같이 가격은 두 군데에 나온다. 가격이 내려가면 먼저 분모의 숫자가 작아지며 분자에서도 오른쪽의 (100-가격) 부분이 커진다. 적은 투자액으로 더 큰 수익을 올릴 수 있기 때문에 이율이 높아지는 것은 계산하지 않아도 분명하다.

이렇게 생각할 수도 있다. 금리 수준이 올랐기 때문에 채권 투자를 할 경우 이율도 그에 걸맞게 올라가야 투자의 묘미가 있다고 수많은 투자가가 생각한다. 이 채권 투자 이율을 인상하려면 어떻게 해야 할까? 쿠폰은 발행 시에 정해져 있어서 더는 바꿀 수 없다. 즉 쿠폰이 발행 시에는 적절한 수준이었을 텐데 지금은 훨씬 못해 보인다. 그래도 투자가를 끌어오려면 가격을 깎는 수밖에 없다. (100-가격) 부분을 늘려서 쿠폰이 미흡해 보이는 부분을 보완하는 것이다.

금리 수준이 내려간 경우에는 지금 설명한 것과 정반대다. 가격이 올라가면 분모가 커지고 분자는 작아진다. 고정된 쿠폰의 상대적인 매력이 늘어나므로 가격을 할인할 필요가 없으며 값이 오른다고 볼 수도 있다.

이상이 금리가 변화했을 때 채권 가격 변동의 기본적인 구조다. 주식 등과 비교하면 채권의 가격 변동에는 일정한 한도가 있어서 가격이 천정부지로 계속 상승하거나 한없이 하락하는 일은 기본적으로 일어나지 않는다4. 그 이유는 만기 시에 100원이 반드시 돌아오기 때문이다.

바꿔 말하자면 만기가 됐을 때 채권 가격은 100원이 되어 돌아온다. 따라서 도중에 금리가 올라 채권 가격이 하락했다고 해도 만기가 다가옴에 따라 채권 가격은 다시 100원에 가까워진다. 도중에 금리가 내려가서 채권 가격이 상승했을 때도 마찬가지다. 한 번 오른 채권 가격은 만기가 다가옴에 따라 100원에 가까워진다.

이것이 때때로 안전 자산이라고 하는 채권의 큰 특징이다. 물론 도중에 매각해야 하면 그때의 시장 가격으로 팔아야 해서 가격에 따라 손익이 발생한다. 하지만 만기까지 계속 보유하면 도중에 가격 변동이 미치는 영향은 점점 줄어들어서 결국 처음 살 때 계산한 이율최종 이율에 거의 비슷한 수익을 올릴 수 있다.

---

4 채권 발행체의 신용력이 나빠진 경우에는 이야기가 다르다. 채권 발행체가 약속대로 원리금을 지급하지 못하거나 그럴 우려가 매우 커지면 채권 가격이 크게 하락한다. 여기에서는 발행체의 신용력을 딱히 고려하지 않고 금리의 변화에 따른 채권 가격의 변동만 생각했다.

이율이 변화하면 채권 가격은 얼마나 변화할까?★

가격 변동의 크기는 듀레이션에 비례

이율과 채권 가격에는 역방향의 관계가 존재한다고 했는데 그 관계의 강도는 어떻게 측정해야 할까? 여기서는 예를 들어 이율 0.5%가 오르면 특정 채권의 가격이 얼마나 내려가느냐가 문제가 된다.

숫자를 사용하면 이율로 가격을 설명하는 식이율 정의식의 좌우를 바꿔서 대입한 식을 이율로 미분해서 이 관계의 강도를 계산할 수 있다. 하지만 여기에서는 의미를 이해하는 데 중점을 두고 이야기를 진행하겠다.

앞에서 이율을 올리려면 쿠폰이 고정되어 있기 때문에 가격을 낮춰야 한다고 설명했다. 즉 가격 저하는 이율을 인상하기 위한 것이며 이율 0.5%가 상승하려면 그 0.5%만큼에 해당하는 가격 저하가 일어나야 한다.

이야기를 단순하게 하기 위해서 원래 이 채권의 가격이 100원이었다고 하자. 단리 이율 식의 분모가 100에서 이를테면 99나 98로 바뀌어도 그다지 큰 영향은 없으므로 여기에서는 분자에만 주목한다. 분자의 가격이 100원에서 99.5원으로 바뀌면 (100-가격) 부분이 0.5원 늘어난다. 분모는 100에 가까운 수치이므로 그에 대한 비율은 약 0.5%다. 하지만 만기까지의 연수가 4년이라고 하면 이는 연당 0.125%(0.5%÷4)에 해당할 뿐이다. 다시 말해 이율 0.5%를 인상하려면 대체로 2원(0.5×4) 정도 가격이 내려가면 된다고 예상할 수 있다.

이는 기본적인 생각이다. 채권에 필요한 이율이 변화한 경우 채권 가격은 그 이율 변화 폭에 채권의 잔존 연수를 곱한 정도로 변화하면 된다. 이런 점은 할인채권의 경우 특히 두드러진다[5].

단 고정 이자부 채권의 경우에는 조금 까다롭다. 여기까지의 설명에서는 고정 이자부 채권이 여러 가지 할인채권을 조합한 것으로 생각할 수 있다고 했다. 이번에도 마찬가지다. 도표 4-2(115쪽 참고)의 고정 이자부 채권이라면 할인채권 4개의 집합이라고 생각

---

5 미분을 사용해 제대로 계산할 경우 할인채권의 가격 변화율은 1년 복리 이율을 r, 잔존 연수를 n으로 하면 $-n \times \dfrac{1}{1+r}$ 에 비례한다. 처음의 마이너스는 금리가 올라가면 가격이 내려간다는 관계를 나타낸다.

할 수 있다(도표 4-4).

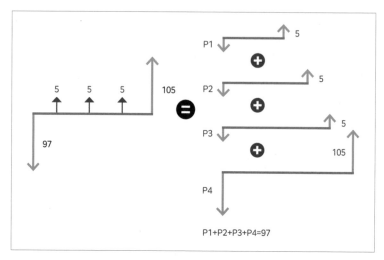

도표 4-4 고정 이자부 채권은 할인채권의 집합체로 간주할 수 있다

각각의 할인채권 가격은 이율의 변화에 대해 대강 잔존 연수의 크기에 비례하는 형태로 가격이 변화한다. 그러나 고정 이자부 채권이라는 전체의 집합으로 생각하면 가격 변화는 그 합계다. 따라서 고정 이자부 채권의 가격 변화율은 그 고정 이자부 채권을 구성하는 각각의 할인채권의 잔존 연수를 그 간주 할인채권의 가격으로 가중 평균을 낸 것에 대체로 비례할 것이다.

이처럼 각각의 할인채권의 잔존 연수를 각각의 할인채권 가격으로 가중 평균을 낸 값을 듀레이션6이라고 한다. 일반적으로 '평

---

6 한마디로 듀레이션(duration)이라고 해도 사실 여러 가지 정의가 있다. 여기에서 설명한 정의가 가장 일반적인데 다른 정의와 구별하기 위해서 이를 매콜리(Macaulay) 듀레이션이라고 하겠다.

균 회수 기간'이라고 말 할 때가 많은데 할인채권의 평균 잔존 기간이라고 생각해도 상관없다. 그리고 이율이 변화했을 때 고정 이자부 가격의 변화율 크기는 대체로 이 듀레이션에 비례한다. 그 경우 이율이 Δr 상승한 경우의 채권 가격 변화 폭은 원금이 되는 채권 가격을 P라고 해서

$$-P \times \Delta r \times 듀레이션$$

이라고 유사하게 계산할 수 있다.

참고로 할인채권에서도 당연히 듀레이션을 생각할 수는 있다. 단일 할인채권이면 잔존 기간이 하나뿐이기 때문에 평균을 낼 필요도 없으며 듀레이션은 잔존 연수와 일치한다.

세부적인 계산은 제쳐 두고 고정 이자부 채권의 듀레이션에는 대체로 다음과 같은 특징이 있다.

먼저 잔존 연수가 작은 경우 듀레이션은 잔존 연수에 매우 가까운 값이 된다. 잔존 연수가 길어지면 그에 따라 듀레이션도 길어지는데 그 길어지는 정도가 서서히 둔해진다. 그래서 30년채나 40년채, 특히 잔존 연수가 길면 듀레이션이 잔존 연수보다 더 짧아진다. 그렇다고 해도 듀레이션은 쿠폰이나 이율의 수준에 따라서도 달라지므로 정확한 값은 그때마다 계산해 봐야 알 수 있다.

아무튼 이율이 변화했을 때의 채권 가격 변화율은 이 듀레이션에 대체로 비례한다. 특히 고정 이자부 채권에서 잔존 기간이 긴

경우에는 확실히 이 듀레이션을 계측해 놓지 않으면 이율 변화에 대한 가격 변화의 정도를 파악하기 어려워진다.

변동 이자부 채권은 금리 리스크가 거의 없는 채권

조금 보충해서 변동 이자부 채권에 관해서도 간단히 설명해 두 겠다.

변동 이자부 채권은 장래에 받을 이자가 미리 정해져 있지 않은 채권을 말한다. 채권 중에서는 발행 시에 정한 쿠폰 금리가 만기까지 계속 적용되어서 미리 쿠폰 금액이 고정된 고정 이자부 채권이 가장 일반적이다. 할인채권도 쿠폰 금리가 0으로 고정된 채권이라고 생각하면 기본적으로 고정 이자부 채권이나 다름없다.

언뜻 보기에는 장래에 받는 금액이 고정된 고정 이자부 채권이나 할인채권이 리스크가 작은 것처럼 느껴질 수 있다. 하지만 실제로는 지금까지 살펴봤듯이 시장 금리의 수준이 달라지면 고정 이자부 채권과 할인채권의 가격이 변동되기 때문에 가격 변동 리스크가 나름대로 존재한다.

이에 비해 변동 이자부 채권은 장래에 받을 수 있는 금액이 확정되지 않은 점에서 리스크가 있는 것처럼 보이지만 시장 금리가 변동했을 때의 가격 변동 리스크라는 점에서는 반드시 그렇지만은 않다.

변동 이자부 채권은 장래의 쿠폰이 확정되지 않았다고 해도 어떻게 그것을 결정할 것인지 미리 정해져 있다. 변동 이자부 채권은 종류가 매우 다양하고 각각 리스크의 특성도 달라서 모든 것을 동일시할 수 없다. 그러나 CHAPTER 3의 변동 금리에 관한 설명에서 살펴봤듯이 그때그때의 단기 시장 금리 지표에 연동하도록 쿠폰 금리가 결정되는 것이 가장 일반적이다.

시장 금리가 변동했을 때 이 일반적인 변동 이자부 채권의 가격은 어떻게 될까? 사실 거의 움직이지 않는다. 그 이유를 생각하기 위해서 먼저 고정 이자부 채권과 할인채권의 경우 시장 금리가 오르면 가격이 내려가는 이유를 다시 한번 정리해보겠다.

시장 금리가 1%일 때 쿠폰 금리 1%인 고정 이자부 채권이 발행되었다고 예를 들어 보자. 이 채권을 100원으로 구입하면 투자가의 이율은 1%일 것이므로 마침 시장 금리에 적합한 이율을 얻을수 있다. 그 후 시장 금리가 2%로 상승했다고 하면 1%의 쿠폰 금리는 그보다 더 낮기 때문에 신규로 이 채권을 사려고 하는 투자가는 이 낮은 쿠폰 금리를 보완하기 위해서 가격 저하에 따른 추가이익을 바란다. 즉 고정 이자부 채권의 경우에는 시장 금리와 쿠폰 금리의 차이를 메우기 위해서 가격이 변화해야 한다는 것이 가격 변동의 기본적인 구조였다.

한편 일반적인 변동 이자부 채권의 경우 아직 정해지지 않은 장래의 쿠폰은 시장 금리 변동에 따른 이러한 가격 조정이 필요 없다. 예를 들면 TIBOR로 쿠폰을 계산하는 변동 이자부 채권의 경우 TIBOR는 시장 금리 자체이므로 이 채권은 그때그때의 시장 금리로 쿠폰을 계산하는 채권이라고 할 수 있다. 다시 말해 시장 금리가 올라가면 그에 맞춰서 장래의 쿠폰도 오르기 때문에 투자가는 늘 시장 금리와 같은 이율을 기대할 수 있다.

그렇지만 이는 쿠폰이 미정일 경우이며 쿠폰 금리가 정해진 후 시장 금리가 움직이면 역시 시장 금리와 쿠폰 금리에 차이가 생길 수 있다. 하지만 쿠폰의 지급 간격이 6개월이면 변동 이자부 채권의 쿠폰 금리가 고정되는 기간이 최대 6개월이라는 뜻과 같다. 따라서 가격 변동 리스크도 최대 6개월 분량이다.

변동 이자부 채권 자체의 잔존 연수는 여기에서 전혀 상관없다. 결국 가격 변동 리스크는 잔존 기간이 아니라 쿠폰 금리가 고정된 기간만큼만 생긴다. 그 결과 아무리 잔존 기간이 길더라도 일반적인 변동 이자부 채권의 가격은 100원에서 크게 변화하지 않아서 가격 변동 리스크가 매우 작은 채권이 된다.

또한 여기에서의 논의는 어디까지나 시장 금리의 변동에 따른 가격 변동 리스크에 관한 이야기다. 발행체의 신용력이 나빠지면 채권 가격이 하락한다는 점에서는 고정 이자부 채권이나 변동 이자부 채권도 달라지지 않는다.

금리는 어떻게
정해지는가?

경기와 금리

이 장에서는 금리에 가장 본질적인 주제로서 금리의 수준이 정해지는 방식에 대해 설명하겠다.

먼저 기본적인 경기와 금리의 관계부터 살펴보자.

경제 활동에는 필연적으로 금전 거래가 따른다. 경제 활동이 활발해지면 그만큼 금전 거래도 늘어난다. 그렇게 하면 일시적으로 돈이 부족해서 거래에 지장을 주는 일도 일어난다. 그래서 그런 경우를 대비하여 자금의 차입 수요가 높아진다.

이는 이른바 운전 자금 요구인데 활발한 경제 활동이 지속되면 생산 능력의 향상, 신제품 및 서비스의 개발, 점포와 물류설비의 정비 등 설비 투자에 관한 요구가 높아진다. 설비 투자는 비교적 큰 금액을 오랜 기간에 걸쳐서 준비해야 해서 자금의 차입 수요를 특히 많이 증가시킨다.

이렇게 해서 경기가 좋아지고 경제 활동이 활발해지면 자금의 차입 수요가 증가해서 그것이 금리를 오르게 한다. 돈을 얻기 위한 쟁탈전이 일어나서 높은 금리를 내서라도 돈을 빌리려고 하는 움직임이 나타난다는 뜻이다. 경기가 나빠지면 그와 정반대의 상황이 일어나서 금리가 내려간다.

이 경기와 금리의 관계에서 보면 금리의 높고 낮음은 기본적으로 경기의 좋고 나쁨을 반영한 것이라고 할 수 있다.

하지만 이러한 기본적인 금리 변동 구조도 최근에는 반드시 명확하게 보인다고 할 수 없다. 첫째로 경기 자체의 변동이 거의 없어서 경기가 매우 좋아진다는 경우가 줄어든 점을 들 수 있다. 또한 기업은 최근 보유 자금을 풍족하게 갖추고 있어서 경기가 조금 좋아져도 큰 자금 조달 요구가 생기기 어려워졌다.

또한 저출산 고령화와 같은 인구 동태의 영향도 있어서 자국내 시장의 성장 기대가 사그라들었으며 기업은 자국내에서의 설비 투자를 억제하고 투자를 하려고 해도 해외를 우선적으로 고려하는 사례가 늘어났다. 해외에서의 투자는 당연히 외화 조달 요구만 높인다.

이렇게 해서 경기가 좋아지고 기업의 실적도 좋으며 설비 투자의욕도 높아졌지만 금리는 오르지 않는 상태가 나타나기 쉬워졌다.

즉 금리는 경기의 좋고 나쁨과 같은 경제 활동의 방향성에 당연히 영향을 받는다. 그뿐만 아니라 한 나라의 경제에 돈을 빌려서라도 투자하고 싶은 수익성이 높은 투자 기회가 얼마나 있는가에도 큰 영향을 받는다. 수익성이 높은 투자 기회가 풍부한 경제라면 금리가 조금 높아도 투자가 적극적으로 이뤄져서 자금 요구가 높아진다. 반대로 금리가 낮다는 것은 그 낮은 금리로 돈을 빌려도 충분한 이익을 높일 수 있는 투자 기회가 풍부하지 않다는 것을 보여준다.

수익성이 높은 투자 기회가 많고 적다는 것은 기본적으로 경제의 잠재적인 성장 여력에 좌우된다. 시장 규모가 확대되고 생산성도 지속적으로 향상되는 경제라면 좋은 투자 기회가 많이 존재할 것이다. 그렇게 생각하면 금리 수준은 그 나라의 경제 성장력을 반영한다고 생각할 수 있다.

다시 말해 성장력이 높은 나라는 평균적인 금리 수준이 높아지고 성장력이 낮은 니리는 평균적인 금리 수준이 낮아진다. 게다가 기반이 되는 경기가 좋아지면 그 평균적 수준보다 금리가 더 높아지며 경기가 나빠지면 금리가 낮아진다.

하지만 금리는 성장력이나 경기와는 상관없는 다른 나쁜 요인 때문에 올라갈 수도 있나. 새정 위기가 일어난다고 에를 들면 통화가 팔려나가서 자금이 해외로 유출된다. 그렇게 되면 경기를 운운

할 것도 없이 금리는 폭등한다.

따라서 적당한 고금리는 경제의 강력한 힘을 반영하는 경우가
많지만 한편으로 지나치게 높은 금리 수준이나 급격한 금리 상승
은 그와 별개로 그 나라에 어떤 문제가 있음을 보여준다.

넘치는
돈과 금리

일본은 1990년 이후 버블이 붕괴하고 나서 '잃어버린 20년'이나 '잃어버린 30년'이라고 하는 저성장 시대에 돌입했다. 이는 동시에 저금리 시대이기도 한데 그 저금리는 앞에서 설명한 성장률의 저하가 큰 영향을 주는 것은 물론 또 다른 요인인 넘치는 돈도 엄청난 영향을 미치고 있다.

넘치는 돈은 사실 일본뿐만 아니라 세계적인 현상이다. 주요 선진국에서 경제 성장률이 추세적으로 떨어지는 가운데 가계가 보유하는 금융 자산은 일제히 추세적으로 증가하고 있다(도표 5-1 참고). 이 그래프에 표시된 기간 중 특히 일본에서는 경제 활동 규모를 나타내는 GDP가 별로 늘어나지 않았는데도 가계의 금융 자산이 계속 증가했다.

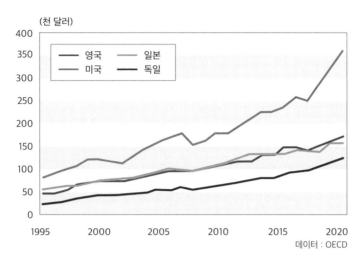

(천 달러)

| 영국 | 일본 |
| 미국 | 독일 |

데이터 : OECD

도표 5-1 주요 국가의 가계 금융 자산 금액(1인당, 단위 : 1천 달러)

이는 언뜻 보면 신기한 현상이지만 저출산 고령화 등의 영향을 받아서 저축률이 줄어들지 않는데 경제 성장률이 떨어지면 GDP에 대한 가계 금융 자산의 비율은 늘어나는 경향이 있다. 미국 등에서는 그런 효과가 일본만큼 두드러지지 않지만 한편으로 가계가 주식과 관련된 자산을 많이 보유하고 있기 때문에 최근 주가 상승 효과도 더해져서 일본보다 금융 자산이 더 증가했다.

아무튼 넘치는 돈은 최근 수십 년에 걸쳐서 이어지는 세계적으로 큰 경향이다. 금융 자산의 축적으로 세상의 돈의 양이 늘어나는 한편 선진국의 경제 성장률은 완만해진 탓에 설비 투자 등은 그다지 증가하지 않고 실제 경제에서는 그 돈을 충분히 다 쓸 수 없다. 그 결과 남아도는 돈이 일부는 주식 시장 등으로 흘러들지만 그렇지 않으면 은행이나 보험회사와 같은 금융기관에 머물러서 이것이 시장 금리의 저하를 촉진한다.

일본으로 말하자면 1995년부터 2021년까지 가계 금융 자산이 750조 엔이나 증가했다. 일본의 가계 자산은 특히 예금과 보험의 비율이 높아서 상당한 부분이 은행이나 보험회사를 경유해 금리 저하 요인으로 작용했다고 생각할 수 있다. 일단 금액이 매우 커서 이 가계 금융 자산 증가에 따른 금리 저하 효과는 아마 엄청나게 클 것으로 추측된다.

넘치는 돈은 가계만의 현상이 아니다. 기업은 일반적으로 돈일 빌리는 입장일 때가 많은데 최근에는 보유 자금이 풍부해서 자금을 빌리는 요구가 크게 늘지 않는다. 이는 중요한 금리 인상 요인이 감소한다는 점에서 역시 금리 저하 요인 중 하나라고 할 수 있다.

여기까지 살펴본 가계 금융 자산 증가와 기업의 자금 조달 요구 감소는 경제의 구조적 변화에 따라 생겨났는데 넘치는 돈의 일부는 오랫동안 지속된 금융 완화 정책 때문에 생겨나기도 한다.

금융이 완화되면 낮은 금리로 대량의 자금을 쉽게 빌릴 수 있다. 펀드 등의 운용회사는 그런 환경을 이용해서 자신들의 투자 자금을 크게 부풀릴 수 있다. 그런 자금의 일부는 채권 투자와 대출 등에 사용해서 역시 금리를 낮추는 요인으로 작용한다.

현재 세계의 금융시장에서 매우 큰 영향을 미치는 현상의 일종인 넘치는 돈에는 경제의 구조적 요인을 통해 생겨나는 돈과 금융 정책 때문에 인공적으로 만들어지는 돈이 있다고 한다. 구조적 변화 때문에 넘쳐나는 돈은 아마 해결하기가 매우 어려워서 몇십 년이라는 단위로 지속될 가능성이 있다. 한편 금융 정책으로 넘쳐나는 돈은 그 정책의 방향성에 따라 상황이 크게 달라질 수 있다는 점에 주의해야 한다.

그렇다 해도 가계 자산이 많아지고 한편으로 기업이 돈을 빌리지 않게 되면 차고 넘치는 돈은 최종적으로 어디로 향할까? 바로 나라다. 나라는 기본적으로 세금으로 얻은 돈을 재정 정책으로 지출하는데 필요한 재정 지출을 세금으로 마련하지 못할 경우에는 국채를 발행해서 빚을 내어 재정 지출을 시행한다. 이 국채 발행액이 최근에 크게 늘었다.

이러한 나라의 빚이 증가하는 것도 세계의 공통 현상인데 그중에서도 특히 일본은 국채 발행 잔고가 상대적으로 매우 많은 것으로 유명하다. 2022년 말에 국채 발행 잔고는 1,026조 엔에 달할 것으로 예상되고 있다. 그 밖에도 이 숫자에는 포함되지 않은 정부의 채무가 있어서 그런 것까지 포함한 채무 총액의 GDP에 대한 비율은 250%를 초과한다. 이는 선진국 중에서 두드러진 수준이며 역사적으로 보면 19세기 초 나폴레옹 전쟁 직후의 영국에 필적한다.

일반적으로 국채 발행 잔고가 너무 많이 늘어나면 국채 이율이 상승해서 높은 금리를 내야 새로운 자금을 조달할 수 있다. 그런데 현실적으로 일본의 장기 금리는 매우 낮은 수준으로 움직이고 있다. 여기에는 뒤에서 설명하는 일본은행의 금융 정책이 미친 영향도 당연히 크지만 돈의 흐름으로 말하자면 무시무시할 정도로 넘쳐나는 돈 덕택에 거액의 자금이 결과적으로 국채 시장에 흘러들어 국채를 고액으로 발행해도 계속 흡수하는 점이 영향을 주고 있다.

이렇듯 넘치는 돈 때문에 발생하는 저금리화는 그 이면에서 나라의 재정 적자 확대와 국채 발행 잔고 증가를 불러일으켜서 표리 일체의 현상으로 이해해야 한다고 할 수 있다.

물가와
금리

채권은 주식 등과 비교해서 종종 안전 자산이라고 한다. 물론 채권 중에도 리스크가 높은 종류는 있다. 이를테면 신용력이 낮은 발행체가 발행한 채권은 원리금이 정해진 대로 지급되지 않는 신용 리스크가 있다. 특히 일정 이상으로 신용 리스크가 큰 채권은 정크 본드나 하이 일드 채권이라고 하는데 이런 것은 안전 자산이라고 할 수 없다. 하지만 신용력이 높은 발행체가 발행하는 수많은 채권, 특히 선진국에서 정부가 발행하는 국채는 기본적으로 안전 자산이라고 평가할 수 있다[1].

---

1 국가가 발행하는 국채라고 해도 국가 자체의 신용력이 낮으면 안전 자산이 아니라서 시장에서는 신용 리스크에 적합한 높은 금리를 요구한다. 또한 선진국 중에서도 국가의 신용력에 차이가 있어서 신용 리스크를 의식해 이율이 크게 상승하는 사례도 실제로 있을 수 있다.

당연히 아무리 신용력이 높아도 시장 금리 수준에 맞춰서 채권 가격이 움직이기 때문에 도중에 채권을 매각한 경우에는 그 매각 가격에 따라 운용 성적이 달라진다. 경우에 따라서는 손실이 생길 수도 있다. 한편 신용력이 높은 채권을 만기까지 보유한다면 구입 했을 때 계산한 이율 그대로 운용 성적을 거의 얻을 수 있을 것이다. 그럼 신용력이 높은 채권을 만기까지 보유한 경우에는 리스크가 정말로 없을까? 사실 반드시 그렇지도 않다. 안전 자산인 채권에 무시할 수 없는 커다란 리스크 요인이 있다. 그 요인은 인플레이션이다.

지금 천 원을 주고 산 채권이 10년 후에 만기를 맞아 천 원이 되어 돌아온다고 예를 들어 보자. 실제로 거래되는 금액을 토대로 하면 딱히 아무런 손실도 발생하지 않는 것처럼 보인다. 그러나 이 10년 동안 물가가 두 배로 올랐다면 금액의 토대에는 변화가 없더라도 실질적인 가치가 2분의 1로 감소할 것이다. 지금 천 원으로 빵 한 개를 살 수 있다고 하면 10년 후 천 원이 돌아왔을 때는 빵 반 개만 살 수 있다.

이처럼 실제로 거래되는 금액으로 나타내는 가치를 명목 가치, 그 금액으로 살 수 있는 물건에 따라 측정한 가치를 실질 가치라고 한다. 그런데 인플레이션이 발생하면 채권의 실질 가치가 떨어진다. 채권은 만기까지의 기간이 긴 것이 많아서 그렇게 되면 인플레이션에 따른 실질 가치의 상대적인 저하는 매우 큰 리스크가 될 수 있다.

이 리스크를 보완하려면 어떻게 해야 할까? 예상되는 물가 상승률을 웃도는 금리를 받으면 된다. 예를 들어 연당 1%의 물가 상승률이 일어나는 것이 예상된다고 하고 이를 웃도는 금리 2.5%를 받아 놓으면 인플레이션에 따른 감소를 보완하고 또 1.5%의 실질적인 수익을 받을 수 있다.

이 경우 실제로 거래되는 금리 2.5%를 명목 금리, 인플레이션 예상 분량의 1%를 제외한 1.5%의 실질적인 수익 부분을 실질 금리라고 한다. 즉 우리가 평소에 금리라고 하는 것은 실질적인 수익 부분과 인플레이션에 따른 상대적 감소를 보완하는 부분이 합성되었다는 뜻이다. 이 관계는 피셔 방정식으로 나타낼 수 있다.

> 피셔 방정식
>
> **금리(명목 금리) = 실질 금리 + 기대 인플레이션**

위의 식에서 기대 인플레이션은 시장 참가자가 평균적으로 예측하는 장래의 예상 인플레이션을 말한다.

이러한 관계에서 보면 물가 상승률이 오르리라 예상되는 상황이라면 돈을 빌려주는 사람은 그것을 충분히 웃도는 금리를 얻으려고 하기 때문에 명목 금리가 올라간다. 반대도 마찬가지다.

실질 금리는 실제로 어떤 방법을 이용해 계산해 보지 않으면 수준을 알 수 없어서 평소에는 눈에 띄지 않는다. 하지만 금리라는 것이 실질 금리와 기대 인플레이션의 합성으로 생긴다고 생각하는 것은 경제 성장과 금리의 관계를 생각할 때도 매우 중요한 포인트다.

앞에서 경기와 금리의 관계에 관하여 설명했는데 경기의 상태를 합쳐서 나타내는 경제 성장률의 경우에도 명목 성장률과 인플레이션 영향을 제외한 실질 성장률이 있다. 즉 명목의 경제 성장률은 실질 성장률과 물가 상승률의 합성으로 이해할 수 있으며 실질 성장률은 경제 성장의 실태를 나타내는 것으로 중시된다.

명칭이 비슷할 뿐만 아니라 이 명목 성장률과 실질 성장률의 관계는 명목 금리와 실질 금리의 관계에 직접적으로 관련되어 있다. 즉 물가 상승에 상관없이 실질 금리는 생산성의 향상과 시장 규모의 확대 등을 통해 실질적으로 경제가 성장하는 부분에 대응해서 발생한다.

실질적인 경제 활동이 활발하지 못하다면 실질 금리도 낮아지고 실질적인 경제 활동이 활발하다면 실질 금리도 높아진다. 반대로 낮은 실질 금리는 경제에 자극을 주며 높은 실질 금리는 경기 억제 효과가 있다.

이러한 실질을 토대한 이야기에 물가 상승이 더해진 것이 명목 값이므로 명목 금리는 명목 성장률에 대응할 수 있다.

하지만 현재 거래되고 있는 금리는 10년 금리라면 앞으로 10년 동안 경제 상황의 예상을 반영한 금리일 것이기에 금리에 포함되는 것은 전부 예상을 토대로 한다. 따라서 실제 경제 성장률과 예상을 토대로 한 금리가 늘 서로 통해서 움직이는 것은 아니지만 양쪽이 밀접한 관계를 맺는 것 자체는 분명하다. 아무튼 이렇게 경제 성장률이나 금리를 실질 부분과 인플레이션 부분으로 나눠서 생각하면 양쪽의 대응 관계가 명확해져서 금리의 변동 요인도 한층 더 명확하게 생각할 수 있다.

그런데 채권에는 인플레이션 리스크가 있고 그 리스크를 회피하려면 예상되는 물가 상승률을 웃도는 금리를 받으면 된다고 했다. 그렇기는 해도 장래의 물가 상승률을 사전에 확정적으로 알 수는 없다. 앞에서 든 사례의 경우 1%의 물가 상승률이 예상되어 이를 웃도는 2.5%의 (명목) 금리를 받으면 1.5%의 실질적인 이익을 얻을 수 있다고 했다. 실제 물가 상승률이 예상을 뛰어넘어 3%가 되면 결과적으로 실질 가치의 감소를 막지 못한다. 따라서 결국 예상보다 더 큰 인플레이션 때문에 채권의 실질 가치가 감소한다는 리스크는 어떻게 해도 남는다.

조금 과장해서 표현하자면 이러한 리스크를 완전히 회피할 수 있게 설계한 특수한 채권이 있다. 물가 연동채라고 하는 채권이다. 이는 실제 물가 상승에 맞춰서 원금이 증가하는 구조를 이룬다. 처음에 천 원으로 발행된 채권이라도 만기까지 물가가 두 배가 오르면 채권의 원금도 이천 원으로 늘어난다.

이런 채권의 경우 실제 원금액이 도중에 달라지므로 사전에 정확한 명목상 이율을 계산할 수 없다. 원금이 지금 이대로 변화가 없다고 가정한 이율이라면 계산할 수 있다. 인플레이션이 발생해도 그만큼 원금이 늘어나 실질 가치의 감소를 보완해주기 때문에 인플레이션을 고려하지 않고 이율을 계산한다는 뜻이다. 그럴 경우의 이율은 인플레이션을 제외하고 계산하므로 확실히 실질 금리에 해당한다.

앞에서 실질 금리가 평소에는 눈에 잘 띄지 않는다고 표현했는데 물가 연동채의 이율원금이 일정하다고 가정해서 계산한 이율은 눈에 보이는 실질 금리다.

참고로 현재 한국과 일본에서는 만기까지 10년인 물가 연동 국채를 나라에서 발행하고 있다. 여러 종류의 채권을 발행하며 원금이 고정된 일반적인 10년물 국채도 당연히 발행한다. 일반적인 국채 이율은 확정된 원리 지급액으로 계산하므로 이쪽은 명목 금리다.

그렇다면 같은 나라가 발행하는 만기까지 10년인 채권인데 물가 연동 국채 이율물가 상승 분량은 무시한 계산이 1.5%, 일반 국채 이율이 2.5%라고 하자. 이 차이는 도대체 무엇일까? 전자는 실질 금리, 후자는 명목 금리이므로 그 차이인 1.0%는 물가 상승률일 뿐이다. 이 인플레이션이야말로 채권 시장의 참가자가 예상하는 앞으로 10년 동안의 기대 인플레이션에 해당한다.

이를 브레이크 이븐 인플레이션Break Even Inflation, BEI이라고 하며 장래에 예상되는 인플레이션으로서 경제 분석 등에서 매우 자주 참조하는 지표다. 자세한 내용은 뒤에서 다루겠지만 시장에는 신기한 장래 예측 능력이 있는데 이는 언제나 그 예상대로 들어맞는다는 것을 의미하는 것은 절대로 아니다. 하지만 현시점에서 가장 믿을 수 있는 인플레이션의 장래 예측이라고 생각할 수 있다.

또한 인플레이션 때문에 채권의 실질 가치가 떨어지는 리스크는 투자가가 직면하는 문제인데 채권 발행체의 입장에서 보면 디플레이션에 따른 리스크가 존재한다. 물가가 떨어졌는데 일반 채권이라면 원금은 변화가 없어서 실질적인 변제 부담이 높아진다. 빵 1개 값의 돈을 빌렸는데 갚을 때는 빵 2개 값의 돈을 돌려줘야 한다는 말이다. 어쨌든 물가 변동은 채권의 실질 가치를 변동시켜서 인플레이션이라면 투자가에게 불리하고 디플레이션이라면 발행체에게 불리하게 작용할 것이다.

금융 정책은 무엇을 목적으로 어떻게 이뤄지는가?

지금까지 살펴봤듯이 금리 수준 형성의 기본적인 구조는 경기와 물가의 동향의 영향을 크게 받는데 마지막으로 결정적인 역할을 하는 것이 금융 정책이다.

경기가 나쁘고 물가에 하락 압력이 작용하는 상황일 경우 그렇지 않아도 금리가 떨어질 텐데 경기를 뒷받침해서 디플레이션 압력을 없애기 위해 더욱더 금융 완화 정책을 펼쳐서 금리를 낮추도록 작용한다. 반대로 경기가 너무 좋아져서 물가도 올라가면 가뜩이나 금리가 오를 텐데 인플레이션 우려를 없애기 위해 한층 더 금융 긴축 정책을 펼쳐서 금리를 올린다. 기본적으로 금리의 수준은 시장 거래로 형성되는데 금융 정책이 강한 영향을 미친다.

금융 정책은 금리 수준을 형성하는 데 매우 중요한 역할을 하므로 좀 더 구체적으로 살펴보겠다. 먼저 금융 정책의 목적은 구체적으로 무엇일까?

이는 나라마다 조금 다른데 기본적으로는 물가와 경제 활동 수준의 안정을 도모하려는 목적이 크다. 한국과 일본에서는 법률상 '물가 안정'이 목적으로 놓여 있는데 물론 물가를 안정시켜서 경제 활동 수준을 안정시킨다는 뜻이 포함되어 있다. 미국에서는 '물가 안정'과 더불어 '고용 최대화'도 목적에 더한다. 물가를 안정시켜서 지속적인 경제 성장을 이루고 지속 가능한 형태로 고용의 최대화를 도모한다는 뜻이다.

아무튼 금융 정책에서 물가 안정은 매우 중요하다. 경기가 너무 좋아지면 물가 상승률이 높아지는데 물가가 계속 상승해서 악성 인플레이션을 일으키면 경제와 국민 생활에 심각한 타격을 줄 수 있다. 따라서 그렇게 되지 않게 금융 긴축을 시행한다.

하지만 금융 긴축은 경기에 제동을 걸고 이것이 지나치면 불경기를 초래한다. 물가를 진정시키거나 경기 유지를 도모하는 것은 균형잡는게 매우 어려운 문제다. 한때 인플레이션이 잘 일어나는 환경에서는 약간의 경기 후퇴를 부르지만 물가 억제에 중점이 놓인 경우가 많았다. 추세적으로 물가 상승률이 떨어진 최근에는 경기 유지를 중시하는 경향을 볼 수 있다.

반대로 경기 악화가 진행되면 디플레이션에 빠질 위험이 생기

며 디플레이션이 발생하면 장기적으로 경제 성장이 억제되고 만
다. 따라서 그렇게 되지 않도록 금융 완화를 시행한다. 그러나 금
융 완화를 지나치게 시행하면 장래의 인플레이션으로 발전하며 때
로는 자산 가격의 이상한 상승을 동반하는 버블을 일으킨다. 하지
만 최근에는 금융 완화를 지속해도 경기 과열과 인플레이션 압력
상승이 별로 눈에 띄지 않아서 그 결과 금융 완화가 장기간에 걸려
서 계속되는 경향을 보인다.

어쨌든 금융 정책은 물가 동향과 경기 동향이라는 두 요소의 균
형을 잡아야 하며 '물가 안정'이라는 말에는 그 균형을 잡아서 지
속적인 경제 성장을 이룬다는 의미가 담겨 있다.

물가는 너무 오르거나 내려가도 좋지 않다. 일반적으로는 매우
완만한 상승이 지속되는 상태가 좋다고 평가한다. 뒤에서 다시 설
명하겠지만 디플레이션은 금융 정책에 따른 대응에 큰 한계가 있
어서 여백을 조금 남겨 두는 것이 바람직하기 때문이다. 실제로 일
본은행에서는 물가 상승 목표로 소비자 물가 지수의 전년 대비 성
장률 2%라는 수치 기준을 마련했다. 왜 2%여야 하는지 논란이 있
지만 세계적으로 봐도 이 2%라는 상승률을 수많은 중앙은행에서
기준으로 채용하고 있다.

그러면 이러한 목적을 달성하기 위해서 금융 정책은 실제로 어
떻게 시행될까?

금융 정책 수단에는 정통적인 것과 그렇지 않은 것이 있다. 정통

적인 수단은 무담보 콜 익일물이라는 중요한 시장 금리에 유도 목표를 설정하는 것이다. 이 유도 목표를 설정하는 수준에 따라 경제 활동을 억제하거나 자극을 준다.

콜 시장은 은행 간에 돈을 서로 융통하는 시장이다. 은행 분야에서 전체적으로 돈이 부족하면 거래 금리가 상승하며 돈이 남아돌면 거래 금리가 저하된다. 각 나라의 중앙은행은 이 시장에 흘러드는 자금량을 조정해서 시장에서의 거래 금리가 유도 목표에 가까워지게 한다.

구체적으로는 은행 간에 국채 등의 유가 증권을 매매하는 방법이 주요 수단이다. 시장에서의 거래 금리를 올리고 싶은 경우를 예로 들면 중앙은행이 보유하는 채권을 은행에 매각한다. 그렇게 하면 은행이 보유하는 돈이 줄어들어서 콜 시장의 금리가 올라간다. 반대로 시장에서의 거래 금리를 낮추고 싶다면 은행이 보유하는 채권 등의 유가 증권을 중앙은행이 구입한다. 그렇게 하면 은행의 보유 자금이 늘어나서 콜 시장의 거래 금리가 내려간다.

이러한 유가 증권 매매 등을 통한 자금량의 조정은 공개 시장 조작[2]이라고 하며 이로써 무담보 콜 익일물의 거래 금리를 목표 수준으로 유도한다.

무담보 콜 익일물 금리는 은행이 남아도는 돈을 운용하는 금리가 된다. 따라서 예금 등 은행의 자금 조달 금리는 이 무담보 콜 익

---

2 채권 등의 매매뿐만 아니라 은행용 대출 등이 시행되기도 한다.

일물 금리와 상관없이 설정할 수 없다. 반대로 은행이 자금을 필요로 할 때는 이 무담보 콜 익일물 금리가 조달 비용이 되므로 역시 대출 금리 등을 이와 상관없이 결정할 수 없다. 이렇게 해서 무담보 콜 익일물 금리는 은행이 설정하는 각종 금리의 토대가 되며 금리 수준의 변화는 경제의 다양한 부문에 영향을 미친다.

다음으로 정통적이 아닌 금융 정책도 살펴보겠다. 비전통적 금융 정책이라고 하는 이 정책 중에는 여러 가지 변종이 있는데 여기에서는 양적 금융 완화 정책과 마이너스 금리 정책을 중심으로 살펴보겠다.

비전통적 금융 정책에서는 일본이 이른바 선구적인 존재라고 할 수 있다. 먼저 1999년 제로 금리 정책이 도입되었다. 이는 무담보 콜 익일물 금리의 유도 목표를 0% 가까이 낮췄을 뿐이며 기본적으로는 정통적인 금융 정책의 연장이다. 하지만 그때까지의 상식으로는 금리가 마이너스가 되지 않을 뿐만 아니라 플러스 수준의 어딘가에 하한이 있다고 생각했기에 제로 금리라는 것 자체가 상식을 파괴하는 것이었다.

2001년에는 역시 일본에서 양적 금융 완화 정책을 도입했다. 이는 민간 금융기관이 보유하는 국채 등을 일본은행이 사들여서 자금을 대량으로 공급하는 정책이다. 무담보 콜 익일물 금리의 수준을 유도 목표로 낮추기 위해서 국채를 구입하는 일반적인 오퍼레이션과 어떤 점이 다를까? 양적 금융 완화 정책에서는 공급되는 자금량 자체를 목표로 한다는 점에 큰 특징이 있다. 결과적으로 시장 금리도 내려가는 경우가 많은데 무엇보다도 시장에 흘러드는 돈의 양이 늘어나서 이른바 돈을 엄청나게 남아돌게 하려는 정책이다.

일본은행이 공급하는 자금은 지금까지 설명했듯이 기본적으로 는 주로 은행에서 국채 등의 자산을 매입하는 것으로 이루어진다. 조금 난폭하게도 불경기가 발생하면 헬리콥터에서 돈을 마구 뿌리 면 된다는 논의가 있었는데 이를 헬리콥터 머니라고 한다. 정말로 그런 일이 이루어진다고 해도 이런 행위를 할 수 있는 것은 정부이 며 이는 금융 정책이라기보다 재정 정책의 범주다. 실제 금융 정책 에서는 어디까지나 일본은행이 거래를 통해 은행의 보유 자금을 늘릴 뿐이다.

그러므로 은행이 늘어난 보유 자금을 그대로 보관하기만 한다 면 경제에 대한 자극 효과는 생기지 않는다. 그 남아도는 자금이 대출 등으로 쓰여야 비로소 경제에 대한 자극 효과가 생긴다.

물가라는 관점에서 말하자면 '세상에 나도는 돈의 양이 늘어나 면 물가가 올라서 디플레이션을 회피할 수 있을 것이다'라는 생각3 이 경제학에 있는데 양적 금융 완화는 그러한 이론을 근거로 한 디 플레이션 회피 정책이라고 할 수도 있다. 물론 이 또한 공급된 돈 이 실제 경제 활동에 쓰여야 비로소 효과를 나타낸다.

---

3 화폐 수량설이라는 유력한 학설에서는 화폐 공급량을 늘리면 물가가 올라가고 화폐 공급 량을 줄이면 물가가 내려간다는 관계가 예측된다. 하지만 최근의 일본처럼 그러한 관계를 명확하게 볼 수 없는 사례도 허다하다.

일본이 최초로 도입한 이 양적 금융 완화 정책은 그 후 다양한 나라에서도 도입했지만 실제 효과는 평가가 갈린다. 마지막 장에서 다시 한번 다루겠지만 온갖 부차적인 효과가 있었다고 하지만 한편으로 일본에서는 애초의 목표였던 금융 정책을 통한 디플레이션 해결 효과를 명확하게 확인하지 못했다. 그 이유로는 대량으로 공급된 자금이 대체로 실제 경제 활동에는 흘러 들어가지 않았다고 생각할 수 있다.

또 다른 극약 정책으로 도입한 것이 마이너스 금리 정책이다. 마이너스 금리 정책은 일본이 아니라 유럽이 먼저 시행했는데 2009년 스웨덴을 시작으로 2012~2014년에 걸쳐서 덴마크, 유로권, 스위스4 등이 연이어 마이너스 금리를 도입했다. 일본에서 도입한 것은 2016년이다.

일본의 경우로 말하자면 은행은 남아도는 보유 자금을 일단 어디에 보관할까? 일본은행에 설정한 예금 계좌, 일본은행 당좌예금에 보관한다. 거기에 마이너스 금리가 부과되기 때문에 은행은 그보다 조금이라도 더 높은 금리를 얻을 수 있는 곳에서 돈을 운용하려고 한다. 그 결과 세상의 각종 금리가 한층 저하되고 대출 등도 늘어나서 경제에 자극을 주는 것을 기대할 수 있다.

---

4 스위스는 영세 중립국이며 안전 보장상의 위험이 적고 재정 기반도 튼튼하기 때문에 안전 자산으로 통화 프랑이 너무 많이 팔리는 탓에 마이너스 금리를 그 대책으로 채용할 때가 있다. 예를 들면 일찍이 1972년에 마이너스 금리 정책을 일시적으로 채용한 적이 있다. 또한 금리와 외환의 관계는 CHAPTER 6에서 설명하겠다.

이쪽도 효과가 전혀 없었던 것은 아니지만 역시 그 평가가 갈려서 부작용이나 폐해의 존재도 지적받았다. 예를 들면 마이너스 금리는 은행의 입장에서 비용 증가를 의미하며 결과적으로 대출 금리 등도 떨어지므로 그렇게 되면 수익이 압박을 받는다. 은행은 당연히 타격을 받지만 그로 인해 은행이 리스크를 취해서 적극적으로 돈을 빌려주려고 하는 자세가 방해되어 금융 완화 효과가 파급되지 않을 가능성도 우려된다.

아무튼 비전통적인 금융 정책은 말하자면 정책 금리가 지나치게 떨어져서 그때까지의 정통적인 금융 정책을 효과적으로 사용할 수 없는 탓에 취한 고육지책이라는 측면이 있다. 효과의 정도도 조금 불투명하고 실험적인 정책이라고 할 수 있다. 그러나 이러한 정책을 통해 금리가 예전에 보지 못한 매우 낮은 수준으로 오랫동안 계속 머물렀던 것만은 확실하다.

2022년 현재 세계적으로 보면 코로나 사태로부터의 경제 회복과 우크라이나 전쟁의 영향을 받아서 물가가 크게 상승했으며 미국과 유럽 각국에서는 제로 금리와 마이너스 금리 또는 양적 금융 완화 정책에서 벗어나려고 한다. 이를 '금융 정책의 정상화'라고 한다. 그 결과 미국과 유럽 각국의 다양한 금리 수준은 큰 상승을 보인다.

도표 5-2는 미국의 정책 금리 추이를 나타낸 것이다. 추세적으로 떨어진 정책 금리가 0% 근처에서 단번에 급상승하기 시작하는

모습을 엿볼 수 있다.

한편 일본에서는 아직 마이너스 금리 정책과 양적 금융 완화 정책의 조합이라는 비전통적 금융 정책의 틀이 기본적으로는 굳건하다. 따라서 금리 수준도 미국이나 유럽 정도로 크게 변화하지 않았다.

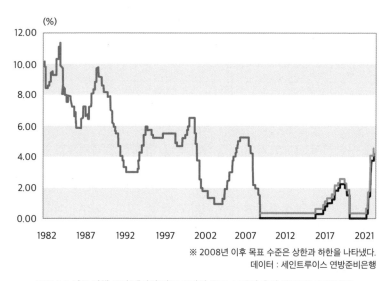

※ 2008년 이후 목표 수준은 상한과 하한을 나타냈다.
데이터 : 세인트루이스 연방준비은행

도표 5-2 미국 정책 금리(페더럴 펀드 금리의 목표 수준)의 추이 (1982/9-2022/12)

금융 정책의
파급 경로

　금융 정책은 무담보 콜 익일물 금리와 일본은행 당좌예금 금리 등의 특정 대상을 조작해서 세상의 금리 전반에 영향을 미친다고 설명했는데 그 과정을 좀 더 자세히 살펴보겠다.

　어떤 금융 정책을 펼치든 금융 정책의 파급 경로에서 첫 핵심이 되는 부분은 지금까지 여러 번 등장한 무담보 콜 익일물 금리 등 매우 단기적인 시장 금리다.

　현재 일본의 마이너스 금리 정책의 경우 일본은행 당좌예금의 여분 잔고에 마이너스 금리가 부과되어 무담보 콜 익일물 금리에는 직접적인 유도 목표가 정해지지 않았지만 이 점은 실제로 그다지 큰 차이가 없다.

　현재 일본은행 당좌예금 잔고가 일정 수준을 초과하면 0.1%의 마이너스 금리를 부과하는데 그렇게 하면 여분 잔고를 떠맡은 은행은 앞에서도 말했듯이 이를 어떻게든 마이너스 0.1% 이상의 다른 수단으로 운용하려고 할 것이다. 가장 기본적인 방법이 무담보 콜 익일물로 운용하는 것이다. 그 거래 금리가 마이너스 0.5%보다 조금이라도 높으면 일본은행 당좌예금에 맡겨놓은 채로 두기보다 무담보 콜 익일물로 운용하는 편이 훨씬 낫다. 반대로 무담보 콜 익일물 금리가 마이너스 0.1%를 밑돌면 그 금리로 돈을 운용하는 이점이 없다. 앞에서도 말했지만 중앙은행 예금의 부리 이율은 단기 시장 금리의 하한이 된다.

그 결과 현재 마이너스 금리 정책을 토대로 한 경우에는 무담보 콜 익일물 금리가 마이너스 0.1%보다 조금 더 웃돈 수준, 예를 들면 -0.03~0.07%라는 수준으로 거래될 것이다.

그런데 익일물은 고작 하루뿐인 자금 거래다. 그 외에도 하나로 합친 자금을 어느 정도의 기간 동안 단번에 빌리거나 빌려주고 싶다는 요구도 당연히 존재한다. 콜 시장을 포함한 단기 머니 마켓에서는 이처럼 일정 기간 돈을 빌리고 빌려주기도 하는데 그것이 기간물 거래였다. 일반적인 대출 금리 등 세상에서 흔히 볼 수 있는 금리에는 이러한 기간물 시장 금리를 근거로 해서 설정되는 것이 수두룩하다.

그럼 이러한 기간물 시장 금리의 수준은 어떻게 정해질까?

현재 익일물 금리를 알기 쉽게 딱 0%라고 예를 들어 보자.

여기서 어느 은행이 3개월 동안 자금을 조달하고 싶다는 요구가 있었다고 하면 단번에 3개월물로 자금을 빌리는 방법이 가장 빠르다.

한편 3개월 동안 날마다 익일물로 다시 빌리기를 계속하면 결과적으로 3개월 동안 돈을 빌린 것과 같다. 익일물 금리가 앞으로 3개월 동안 지금의 5%에서 크게 변화하지 않는다고 예상되면 익일물을 3개월 동안 다시 빌리기를 계속했을 때의 예상 평균 조달 비용은 아마 0%에 가까워질 것이다.

그렇다면 3개월물로 단번에 돈을 빌릴 때 익일물을 3개월 동안 다시 빌리기를 계속하는 것보다 대폭으로 높은 금리를 내는 것이 어리석게 느껴질 것이다. 반대로 3개월물의 금리가 0%보다 낮으면 3개월물에서의 차입 수요가 쇄도한다. 그 결과 3개월물 금리는 기본적으로 0%에 가까운 수준으로 정해질 것이다.

그럼 이것이 금융 정책 변경 가능성이 있는 시기라면 어떨까? 지금으로부터 딱 한 달 반 후에 예정된 금융 정책 결정 모임에서 무담보 콜 익일물 금리의 유도 목표가 0.5%로 설정될 확률이 50% 정도라고 하는 상황이라고 예를 들어 보자. 금리 인상이 실제로 일어나면 익일물로 3개월 동안 다시 빌리기를 계속한 경우의 예상 평균 비용은 금리 인상 전의 전반이 0%, 금리 인상 후의 후반이 0.5%이므로 평균적으로 0.25%다. 하지만 금리 인상이 없으면 평균 0%를 유지한다. 확률 50%로 예상 평균 비용이 0.25%, 마찬가지로 확률 50%로 예상 평균 비용이 0%라고 하면 그 기댓값은 0.125%다. 이러한 상황에서는 아마 시장에서 거래되는 3개월물 금리가 이 0.125%에 가까운 수준으로 정해질 것이다.

즉 기간물 금리는 그 기간에 걸쳐서 익일물로 다시 빌리기를 계속했을 때의 예상 평균 비용에 가까운 수준으로 정해질 것이다. 바꿔 말하자면 기간물 금리는 장래의 금융 정책 예상을 반영해 그 수준이 정해진다는 뜻이다.

무엇보다도 익일물로 다시 빌리기를 계속할 경우에는 도중에 예상하지 못한 큰 이벤트가 일어나서 금리가 폭등하거나 시장이 마비되어 애초에 돈을 빌리지 못하게 되는 위험성이 조금은 있다. 그 리스크를 회피하기 위해서 단번에 3개월 동안 돈을 빌릴 수 있으면 익일물을 다시 빌려서 예상 평균 비용보다 금리를 좀 더 올려도 상관없다고 생각하는 사람도 있지 않을까?

기간물로 돈을 빌리고 빌려줄 때 발생하는 추가 금리를 텀 프리미엄term premium이나 유동성 프리미엄이라고 한다. 단 시장이 어떤 요인으로 혼란해지는 일이 없는 한 특히 짧은 기간물일 경우 이 추가 부분이 그다지 늘이지 않는 것이 일반적[5]이다. 따라서 장래의 금융 정책 예상에 따라 단기 기간물 금리 수준이 정해진다는 구조

---

5 텀 프리미엄의 크기는 대상이 되는 금리에 신용 리스크가 어느 정도 포함되어 있는지 그 여부에 크게 좌우된다. 신용 리스크가 거의 없는 금리라면 텀 프리미엄은 거의 발생하지 않는다. 여기서 예로 든 은행의 조달 비용 등 어느 정도의 신용 리스크가 포함되는 금리라면 기간이 길어짐에 따라 텀 프리미엄이 늘어난다. 또한 텀 프리미엄이 존재할 경우 시장에 어떤 스트레스가 생기면 그 수준이 크게 폭등할 수 있다.

는 단기 금리의 수준 형성에서 가장 중요한 요인이라고 생각할 수 있다.

지금 설명한 것은 단번에 돈을 빌리는 기간이 점점 길어져도 기본적으로는 적용된다. 예를 들면 지금으로부터 5년 동안 단번에 돈을 빌리려고 할 때의 금리, 즉 5년 금리는 앞으로 5년 동안 익일물을 다시 빌리기를 계속한 예상 평균 비용에 5년 상당의 텀 프리미엄을 추가한 수준이 될 것이다.

기본적으로는 같지만 5년 금리는 3개월물 금리로 5년 동안 총 20번을 다시 빌렸을 때의 예상 평균 비용에 가까워진다고 생각할 수도 있다. 또 1년물 금리로 5번을 다시 빌렸을 때의 예상 평균 비용에 가까워진다고 생각할 수도 있다.

하지만 지금으로부터 3개월 후의 정책 금리 수준을 예측하기는 비교적 쉽다고 해도 5년 후의 수준을 예측하기는 어려워서 시장 참가자의 예상도 아마 저마다 다를 것이다. 한편으로 기간이 길어지면 그만큼 텀 프리미엄도 커질 것이다. 즉 장기 금리가 될수록 금융 정책의 장래 예상을 반영하는 부분이 점점 모호해져서 텀 프리미엄의 영향이 조금씩 커진다.

특히 장래에 관한 리스크 요인이나 불확정 요소가 늘어날수록 이러한 텀 프리미엄이 커지는 경향이 있다. 그러므로 장래의 금융 정책에 불투명한 느낌이 고조되거나 재정 리스크에 스포트라이트를 비추면 합리적인 장래 예상이라기보다 불안감 때문에 장기 금리가 급등하는 사태도 일어날 수 있다.

하지만 그러한 불투명한 요인이 점점 늘어난다고 해도 기간별 금리의 수준, 즉 일드 커브는 기본적으로 금융 정책의 장래 방향성 과 그 확실한 정도에 대한 예상이 단기에서 장기로 파급되어 형성 된다.

따라서 중앙은행이 단호하게 금융 완화를 지속하는 자세를 보이 면 장기 시장 금리도 낮은 수준으로 밀려날 가능성이 높아진다. 그 렇게 하면 장기 대출 금리나 채권 발행 이율도 수준이 낮아진다. 그 때문에 금융 온화 효과가 경제의 구석구석까지 널리 퍼지게 된다.

반대로 중앙은행이 인플레이션 우려를 없애기 위해서 적극적인 금융 긴축 자세를 내세웠다면 장기 시장 금리는 장래의 정책 금리 상승을 예상해서 폭등하고 장기 대출 금리와 채권 이율의 상승을 통해서 경제 전반에 금융 긴축 효과를 파급시킨다.

여기에서 중요한 점은 시장이 단순히 금융 정책을 예측해서 이 를 수동적으로 반응하기만 하는 것은 아니라는 사실이다. 시장은 금융 정책의 타당성에 관해서도 평가한다. 예를 들면 인플레이션 우려가 기졌는데 중앙은행이 그 리스크를 가볍게 보고 금융 완화 정책을 계속한다고 하자. 그렇게 하면 정책 금리가 한동안 낮은 자 리에서 머물겠지만 그로 인해 물가 상승률이 폭등해서 결과적으로 장래에 어딘가의 시점에서 대폭적인 정책 금리 인상이 필요한 리 스크를 의식할 수 있다.

그렇게 되면 단기 금리는 낮은 상태인데 장기 금리가 폭등하는 사태가 일어난다. 금융 정책의 손실과 그 후의 시정을 시장이 예측한다는 뜻이다. 이러한 상황은 일드 커브에 반영되는 시장의 예측에 중앙은행이 뒤처진다는 의미이며 비하인드 더 커브behind the curve라고 한다.

반대로 중앙은행이 금융을 지나치게 긴축해서 경기를 후퇴시킬 위험이 커지면 수많은 시장 참가자가 판단하게 된다. 그러면 장래의 정책 금리 인하가 시야에 들어오며 단기 금리는 내려가지 않는데 장기 금리가 점점 내려간다는 사태가 발생한다.

한편 중앙은행도 이러한 시장의 반응을 살펴 가며 금융 정책을 조정하는 경우가 많은 듯하다. 때로는 시장의 반응에 따라 정책을 어쩔 수 없이 수정할 때도 있다. 그 결과 금융 정책과 시장 금리의 관계는 반드시 일방통행 관계가 아니라 때로는 시장 금리의 동향이 금융 정책에 동향을 줄 수도 있다.

참고로 채권 시장이 갖춘 이러한 경고 기능은 '채권 자경단The Bond Vigilantes'이라고 하기도 한다. 이 자경단은 금융 정책뿐만 아니라 재정 정책의 지속성도 감시하는 역할을 담당한다. 재정 적자가 확대되어 이대로는 지속할 수 없어서 장래의 재정 파탄 리스크가 커지면 시장이 판단한 경우에는 국채가 비싸게 팔리며 장기 금리가 급등한다.

일례로 2022년 9월 영국의 트러스 정권이 재원의 뒷받침이 없

는 대형 감세 정책을 발표하자마자 길트_{영국 국채} 시장이 큰 파란을
일으켜서 장기 금리가 급등했다. 장기 금리의 급등은 이자 지급 부
담의 증가로 재정을 더욱더 악화시킬 뿐만 아니라 영국 경제에 큰
타격을 준다. 결국 다음 달인 10월에는 감세 정책을 철회했으며 또
트러스 총리는 사임하게 된다. 그야말로 채권 자경단의 면목이 생
생하게 드러났다고 할 수 있다(도표 5-3).

도표 5-3 길트 쇼크 ~영국 10년물 국채 이율 추이 (2022년)

SECTION 5-6

일드 커브(수익률 곡선)의 형성

앞에서는 장래 금융 정책 예상과 현행 금융 정책에 대한 평가 및 장래의 정책 수정 가능성 등을 통해 일드 커브가 형성되는 것을 살펴봤다. 일드 커브는 경제에 관한 매우 중요한 정보를 매우 많이 포함하고 있으므로 여기에서 다시 한번 일드 커브의 모양에 관하여 정리하겠다.

가장 먼저 꽤 먼 장래까지 금융 정책 변경이 예상되지 않는 경제 상황을 가정한다. 그럴 경우 일드 커브의 기점이 되는 오버나이트 금리는 장래에서도 수준이 달라지지 않을 가능성이 높다. 그렇다면 기간물 금리는 특히 단기를 중심으로 현재 상황의 오버나이트 금리에 가까운 부분에 수준이 정해질 것이다.

장래의 금융 정책 변경이 예상되지 않아서 장기 금리도 기본적으로는 수준이 똑같아질 텐데 기간이 길어짐에 따라 장래 예상의 모호함과 텀 프리미엄의 증가를 더해 수준이 조금씩 높아진다. 그렇게 되면 일드 커브는 거의 평평플랫하며 아주 약간 위로 올라가는 모양이 되는 것을 예상할 수 있다.

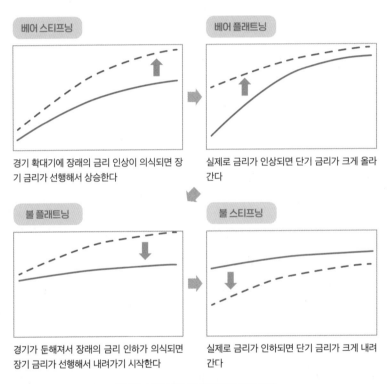

베어 스티프닝
경기 확대기에 장래의 금리 인상이 의식되면 장기 금리가 선행해서 상승한다

베어 플래트닝
실제로 금리가 인상되면 단기 금리가 크게 올라간다

불 플래트닝
경기가 둔해져서 장래의 금리 인하가 의식되면 장기 금리가 선행해서 내려가기 시작한다

불 스티프닝
실제로 금리가 인하되면 단기 금리가 크게 내려간다

도표 5-4 일드 커브의 전형적인 변동 패턴

이 상태를 출발점으로 하고 일드 커브의 전형적인 변동 패턴을 쫓아 보자. 경기가 점점 좋아지자 그와 동시에 인플레이션 우려가 커져서 장래에 긴축 금융 정책이 시행될 가능성이 높아졌다고 하

자. 그런 경우 장기 금리는 장래의 금융 긴축을 반영시켜서 수준이 올라간다. 일드 커브의 모양으로는 도표 5-4의 왼쪽 상단 그래프처럼 점점 올라가는 각도가 급격히 커질 것이다. 이처럼 일드 커브의 기울기가 가팔라지는 것을 스티프닝steepening이라고 한다.

이는 지금 설명한 대로 일반적으로는 경기가 좋아서 인플레이션이 서서히 높아질 때 흔히 나타나는 움직임인데 이러한 움직임이 급격하게 나타날 경우에는 앞에서 설명한 비하인드 더 커브의 우려가 커질 수 있어서 인플레이션에 대한 경계 신호로 받아들일 수 있다.

참고로 시장에서는 투자가의 나약함을 곰6에 비유해 베어bear라고 한다. 투자가가 채권에 약해지면 채권이 팔리고 금리가 올라가는 점에서 채권 시장에서는 금리가 오르는 것을 베어라고 표현한다. 또한 금리 상승과 일드 커브의 스티프닝이 동시에 일어날 경우에는 두 가지를 합쳐서 베어 스티프닝이라고 한다.

실제로 중앙은행이 정책 금리를 인상하기 시작하면 그 영향을 받아 단기 금리가 상승한다. 금리 인상 페이스가 너무 늦다고 시장이 판단하면 앞으로 더 많이 정책 금리를 인상해야 하는 것이 예상되므로 장기 금리도 계속 오른다. 한편 금리 상승 페이스가 적절하

---

6 곰은 위에서 아래로 손톱을 내리찍으므로 시세가 하락하기 시작하는 것을 곰에 비유하게 되었다고 한다.

다고 판단하면 금리를 지나치게 인상할 필요가 없다고 예상해서 장기 금리는 별로 오르지 않는다. 즉 일드 커브의 기울기가 완만한 형태를 이룬다. 이를 플래트닝flattening이라고 한다. 금리 상승과 플래트닝이 합쳐진 경우는 베어 플래트닝이다.

금융 긴축이 충분히 이뤄져서 그 효과가 나타나기 시작하면 경기에는 그늘이 생겨서 장래적으로 금융 완화로 바뀌는 것을 의식하게 된다. 그렇게 하면 단기 금리가 높은 수준인 상태로 장기 금리가 선행해서 내려가는 움직임을 보인다. 역시 플래트닝인데 이번에는 금리 하락을 동반한다.

금리 하락은 채권이 매수되는 것과 같은 뜻이므로 채권에 대한 투자가의 심리가 강해졌다고 할 수 있다. 투자가의 강한 태도는 황소7에 비유해서 불bull이라고 한다. 따라서 금리 저하는 불이라고 표현한다. 이번 조합은 불 플래트닝이다.

플래트닝이 점점 진행되면 장기 금리가 단기 금리보다 더 낮아지고 일드 커브의 형상이 점점 내려가기도 한다. 이 상태를 역 일드라고 한다. 역 일드는 비교적 보기 드문 현상인데 나중에 살펴보듯이 이는 경기 후퇴의 강력한 신호로 간주한다. 덧붙이자면 좀 더 일반적인 상승 일드 커브는 역 일드와의 대비로 순 일드라고 한다.

---

7 황소는 뿔을 밑에서 위로 쳐올리므로 시세 상승을 황소에 비유하게 되었다고 한다.

마지막으로 중앙은행이 금리 인하로 바꿨을 때의 전형적인 움직임을 살펴보겠다. 금리 인하로 단기 금리가 당연히 내려간다. 이때 금리 인하의 페이스가 너무 늦다고 판단되면 장래적으로 한층 더 큰 금리 인하의 필요성을 의식해서 장기 금리도 크게 내려갈 것이고 금리 인하의 페이스가 적절하다고 판단되면 과도하게 금리를 낮출 필요성이 낮아지므로 장기 금리는 내려가기 어려워진다. 그렇게 하면 금리가 떨어져서 스티프닝하게 되므로 불 스티프닝이다.

이상이 일드 커브의 모양 변화에 관한 기본적인 패턴이다.

실제 일드 커브의 모양은 이러한 기본 패턴에 온갖 요소를 더해서 형성되므로 여러 가지 실례를 살펴보기로 하겠다.

도표 5-5는 여러 시점에서 본 일본 국채의 일드 커브다. 2021년 12월 말 시점의 일드 커브를 보면 기간 8년당까지 마이너스 이율이 되며 이는 마이너스 금리 정책이 예측할 수 있는 범위 안에서 수정될 가능성이 거의 없다는 당시 시장의 관점을 반영한 것이다.

또한 10년 전후 이후에 이율이 플러스가 된 것은 장래의 금융정책 변경을 반드시 예측한다는 뜻이 아니라 아마 텀 프리미엄이 커져서 연한에 다른 시장 참가자의 차이도 영향을 준다고 생각할 수 있다. 채권 시장에서는 기간 10년을 초과하면 생명보험회사나 연금기금 등이 주된 매입자가 되는데 그렇게 되면 이율이 너무 낮을 경우 매입자가 나타나지 않아서 어느 정도 이율 저하를 막을 수 있다.

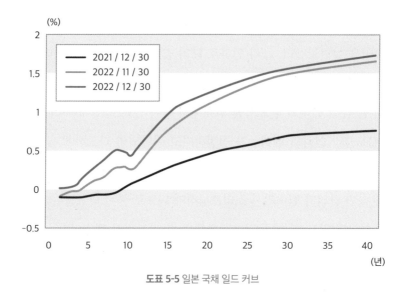

도표 5-5 일본 국채 일드 커브

다음으로 2022년 11월 말 및 2022년 12월 말 시점의 일드 커브를 보면 확실히 상승 곡선의 기울기가 12월 말에 더 가팔라졌다. 금리 수준도 조금 상승했기 때문에 베어 스티프닝이다. 이는 물가 상승률의 고조와 미국과 유럽의 금리 상승 영향을 받아서 시기는 아직 확실히 내다보지 못하지만 일본의 금융 정책이 긴축 방향으로 조금 수정될 가능성을 반영시키는 움직임도 볼 수 있다.

기간 10년당 일드 커브가 조금 뭉개진 비뚤어진 형태를 띠는데 이는 일본은행이 일드 커브를 조작해서 10년물 국채 이율이 인위적으로 억제되었기 때문이다. 참고로 현행 금융 정책에서는 10년물 국채 이율이 '대체로 0%'가 되도록 조작되는데 여기에는 허용 변동 폭이 있다. 2022년 12월 금융 정책 결정 모임에서 그 폭이 기존의 ±0.25%에서 ±0.5%로 변경되었다. 즉 11월 말 시점에서의 10년물 국채 이율은 ±0.25%가 상한이었는데 12월 말 시점에서는

+0.5%가 상한이 되었다.

허용 폭의 확대가 표면적으로는 기술적인 수정으로도 보이는데 이미 시장 금리가 상한에 붙은 것을 고려하면 실질적으로 그 상한을 인정한다는 뜻이며 실제로도 그렇게 되었기 때문에 나름대로 영향력이 있는 변경이었다는 사실을 엿볼 수 있다. 그러나 변경 후에도 10년 전후의 비뚤어진 일드 커브가 사라지지 않고 여전히 시장에서 자연스러운 일드 커브가 형성되는 것을 방해하며 금융 정책을 통해 인위적으로 이율을 억제한 상태가 지속되는 것을 보여준다.

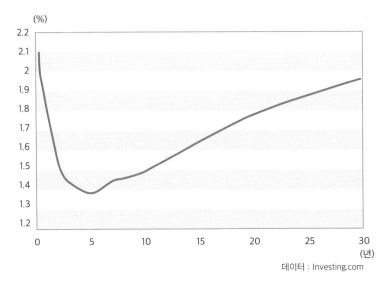

데이터 : Investing.com

도표 5-6 미국 국채 일드 커브(1) ~2019/8/30

도표 5-6은 2019년 8월 말 시점의 미국 국채, 트레저리 일드 커브다. 당시에는 좋은 경기가 지속되어서 한때 제로 수준까지 내려간 미국의 정책 금리가 서서히 인상된 후의 시기였다. 그러나 인플

레이션 압력은 전혀 높아지지 않았고 그에 비해 지금의 정책 금리가 너무 높다는 견해가 급속하게 강해진다.

그리고 이 8월부터 정책 금리가 미세하게 수정되기 시작했다. 일드 커브는 기간 5년까지의 부분이 크게 역 일드로 바뀌었다. 정책 금리의 인하가 또다시 지속된다는 예측이 강해졌다는 사실을 알 수 있다. 또한 일드 커브의 역전은 경기 후퇴 신호라고 간주하는데 한편 일드 커브의 5년 이후는 순 일드 형태를 유지한다. 정책 금리가 낮춰지기만 하면 경기에 대한 대미지가 일시적인 것에 그칠 것이라는 낙관적인 전망이 동시에 존재했다고 생각할 수도 있다. 하지만 역 일드라고 한마디로 말해도 반드시 일드 커브 전체가 역 일드가 된다고 할 수 없으며 이처럼 부분적으로 역 일드가 되는 것은 실제로 흔한 일이다.

덧붙이자면 이후 일드 커브에 반영된 예측대로 정책 금리 인하가 완만하게 이뤄지는데 2020년 봄 코로나 쇼크가 습격하며 미국 경제는 매우 단기간이기는 하지만 깊은 경기 후퇴를 경험한다. 전년도 8월 시점에서 코로나 쇼크를 합리적으로 예견할 수 있는 것은 아니지만 결과적으로는 역 일드의 출현이 경기 후퇴에 선행한다는 경험치가 이때도 적용되었다.

도표 5-7은 2022년 12월 말의 미국 국채 일드 커브다. 매우 보기 드문 복잡한 형태의 일드 커브다. 눈앞에서는 인플레이션 압력

이 고조되어 정책 금리가 급속하게 인상되었으며 그것이 한동안 지속될 듯해서 일드 커브의 앞부분이 매우 급경사 상태를 이뤘다. 그 후 기간 10년 정도까지는 완전히 바뀌어서 강한 역 일드 상태가 되었다. 이는 정책 금리가 급속하게 인상해서 경기에 타격을 더한 한편 인플레이션 압력이 즉시 진정되었다. 그 후 지나치게 오른 정책 금리의 재인하를 강요당할 것이라는 예측을 반영한다고 생각할 수 있다.

이 관점이 옳은지 그른지 좀 더 시간이 지나 봐야 알 수 있지만 일드 커브가 눈앞의 정책 금리 동향뿐만 아니라 장래에 그 정책이 수정될 가능성까지 예측해서 형성되는 것의 좋은 사례라고 할 수 있다.

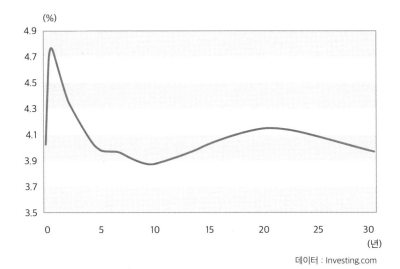

데이터 : Investing.com

도표 5-7 미국 국채 일드 커브(2) ~2022/12/30

금리 시장의 미래 예측 능력

앞에서도 설명했는데 일드 커브의 역전 현상, 즉 역 일드의 출현은 경기 후퇴의 강력한 신호라고 판단한다. 역 일드는 기간이 긴 금리를 기간이 짧은 금리를 밑도는 현상인데 앞에서 본 사례와 같이 일드 커브의 특정 부분에 나타나는 경우가 많다. 그래서 어느 기간의 금리를 비교하느냐에 따라 판정이 달라진다. 비교 대상에는 여러 가지 방법이 있는데 특히 정해진 방식이 있는 것은 아니지만 미국 중앙은행 FRB에서는 3개월 금리와 10년 금리의 비교를 중시한다고 한다. 이 금리 두 가지를 비교했을 때 10년 금리가 낮으면 경기에 노란색 신호가 켜졌다고 본다. 그 밖에도 2년 금리와 10년 금리의 비교를 흔히 참조한다.

도표 5-8은 미국의 10년물 국채 이율에서 2년물 국채 이율을 뺀 금리 차일드 스프레드다. 값이 플러스라면 순 일드, 마이너스라면 역 일드다.

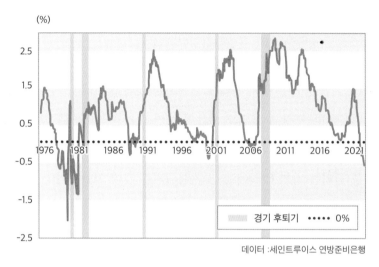

데이터 :세인트루이스 연방준비은행

도표 5-8 미국 국채 10Y-2Y 스프레드 (%)

그래프에 음영으로 보이는 기간이 미국의 경기 후퇴기를 나타 내며 2년 금리와 10년 금리가 역 일드스프레드가 마이너스가 되면 이 데 이터를 얻을 수 있는 기간 중에서는 그 후 한동안 모든 것에 정말 로 경기 후퇴가 발생한다는 사실을 알 수 있다. 스프레드가 마이너 스가 된 후 경기 후퇴가 일어나기 전까지의 시차는 조금 불규칙하 지만 경기 후퇴 예측 도구로서는 경이적인 예측력이다.

참고로 2022년 12월 말 시점에서 이 일드 스프레드는 대폭으로 마이너스가 되었다. 과연 이번에도 이 예측 도구가 맞을지 결과를 흥미롭게 지켜보고 있다.

일드 커브가 역전되면 왜 경기 후퇴가 일어날까? 이 점에는 여러 가지 생각이 있다. 그중 하나는 역 일드의 출현 자체가 경기 후퇴를 일으키는 요인이 된다고 한다.

경제에서 돈을 융통할 때 필수적인 역할을 담당하는 은행은 기본적으로 예금으로 돈을 모으고 이를 대출로 돌려서 차액 수익을 번다. 예금 금리는 단기 금리에 연동하는 것이 많으며 한편 대출은 단기 금리에 연동하는 것도 있는가 하면 장기 금리에 연동하는 것도 있다. 전체적으로 말하자면 예금 금리는 좀 더 단기에 가깝고 대출 금리는 장기 금리에 조금 가까워지는 것이 일반적이다. 일드 커브의 모양이 순 일드라면 장기 금리가 단기 금리보다 더 높아지기 때문에 그만큼 대출 금리가 예금 금리보다 더 높아져서 은행의 차액 수익이 많아진다.

그와는 반대로 역 일드가 되면 은행의 차액 수익이 축소되고 그러면 은행은 적극적으로 대출해주지 않을 것이다. 그것이 머니의 수축을 불러서 경기 후퇴를 일으키지 않을까라고 하는 것이다.

그와는 별개로 역 일드가 경기 후퇴의 신호가 되는 것은 시장의 뛰어난 예측 능력 덕택이라는 관점도 있는데 이는 매우 유력한 관점이라고 본다.

시장에서는 수많은 참가자가 다양한 정보를 가지고 모여서 방대하게 거래하는 동안 시세가 저절로 형성된다. 따라서 그 시세에는 각각의 투자가와 경제학자 등이 다 파악하지 못할 정도로 많은 정보가 반영되어 결과적으로 매우 뛰어난 예측 능력을 보여준다고 생각할 수 있다.

지금까지 시장의 예측과 시장의 평가라는 말을 사용했는데 그런 말은 특정한 누군가의 견해나 평가가 아니다. 수많은 시장 참가자가 거래에 참여하면 저절로 형성된다. 그 속에는 모든 시장 참가자의 판단의 토대가 된 다양한 정보가 조금씩 반영되어 있다. 이 정보의 다양성이 높은 예측력을 만들어낸다.

예를 들면 눈앞에 토실토실 살이 찐 소를 데려와서 몸무게를 맞추는 게임을 했다고 하자. 아마 각 응답자의 답은 제멋대로이며 엉뚱한 답도 많이 포함될 것이다. 그중에는 간혹 정답에 가까운 답을 내놓은 사람도 있는데 같은 게임을 반복하면 계속 맞추는 사람이 거의 사라진다.

그런데 이 게임에 참가하는 사람의 수가 충분하면 참가자의 응답 평균값은 대체로 정답에 가까운 값이 되는 경우가 많다[8]. 이와 같은 일을 시장으로도 말할 수 있다.

하지만 다수의 평균적 의견이 정확해지려면 일정 조건이 필요

---

[8] 《'다양한 의견'은 왜 옳은가(「多様な意見」はなぜ正しいのか, The Difference)》(스콧 페이지 저, 닛케이BP) 등을 참조.

하다고 생각할 수 있다. 합리적이고 분석적인 참가자가 많고 주위에 끌려다니는 일 없이 다양한 의견을 제시하는 참가자가 많을수록 그 평균적 의견은 정확해진다. 그런 조건을 충족하지 못하면 반드시 그렇다고 할 수는 없다.

예를 들면 주식 시장에서는 신기술이나 새로운 성장 기업의 발굴 또는 경기 전망 등에 뛰어난 예측 능력을 발휘할 때가 있는 한편 종종 과도한 시세도 발생한다. 시장 참가자가 똑같이 낙관적으로 예상해서 마치 장밋빛 미래가 찾아오리라고 예측하는 것처럼 시세가 너무 크게 상승하거나 반대로 비관 일색이 되어 이 세상의 파멸을 예언하듯이 지나치게 가격을 내리는 경우가 있다.

이는 주식 시장에서 그때그때 시장 분위기에 따라 가격이 크게 움직이므로 어느 정도는 그에 맞춰야 하며 그중에서 장래에 대한 다양한 관점을 유지하는 것이 반드시 쉽지만은 않다는 사실이 영향을 준다.

무엇보다도 아무리 훌륭한 경제학자라도 장래 예측을 맞추기란 매우 어려워서 우연히 한 번은 맞췄다고 해도 계속하기는 어렵다. 주식 시장의 평균적 의견은 그런 것과 비교하면 성적이 꽤 좋다고 할 수 있다. 시장이 갖춘 이러한 예측력을 평가해서 종종 '시장은 가장 좋은 경제학자'라고 하는 경우가 있다.

채권 시장에서 형성되는 장래 예측은 특히 신뢰성이 높아서 주식 시장처럼 완전히 빗나가는 일이 별로 없다. 채권은 주식에 비해 가격이 그다지 움직이지 않고 금융 정책의 장래 예측 등을 통해 적정한 이율을 쉽게 계산할 수 있다. 그래서 시장 전체가 지나치게 낙관적이 되어 버블을 만들어내는 경우가 비교적 잘 일어나지 않다는 점이 영향을 준다고 생각한다. 그 결과 경기 동향에 관한 채권 시장의 예측 능력이 매우 높아지며 이 때문에 일드 커브의 역전 현상이 높은 정확도로 장래의 경기 후퇴를 알아맞힐 수 있다고 생각할 수 있다.

장기 금리는
경제의 체온계

　지금까지는 일드 커브의 모양에 주목했는데 장기 금리의 절대 수준에 관해서도 언급하겠다.

　일반적으로 장기 금리의 지표로서 10년물 국채 이율을 사용하는 경우가 많다고 했는데 10년 금리는 기본적으로 앞으로 10년 동안 금융 정책의 장래 예측을 반영한 금리일 것이다. 그러나 앞에서도 잠깐 다뤘지만 5년 후, 10년 후 면 장래가 됨에 따라 정확하게 예측하기가 점점 어려워진다.

　한편 앞으로 10년 또는 훨씬 더 오랜 기간이 되면 호경기와 불경기의 순환을 여러 번 경험할 가능성이 높아진다. 그렇게 되면 금융 정책의 장래 예측이 모호해지는 것과 반대로 경기가 좋을 때와 나쁠 때를 평균화한 경제의 평균적인 활동 수준에 대응한 금리 수준을 의식하게 될 것이다.

경제의 평균적인 성장력은 물가 상승의 영향을 제외하면 잠재 성장률이라는 것으로 나타난다. 잠재 성장률은 단기적인 변동 요인을 제외한 중장기적으로 지속 가능한 실질 성장률을 말하며 결국 그 경제의 실력을 바탕으로 한 성장률이라는 뜻이다.

그 잠재 성장률에 적합한 금리 수준은 자연 이자율이라고 하며 잠재 성장률과 대체로 수준이 같다고 생각할 수 있다.

왜 자연 이자율이 잠재 성장률과 비슷해질까? 경기에 중립적인 금리 수준이라고 생각할 수 있기 때문이다. 잠재 성장률은 실질을 바탕으로 한 평균적인 소득과 이익의 성장률이다. 금리가 그보다 더 높으면 이자 지급 부담이 무겁게 느껴져 자금을 빌려서 적극적으로 소비하거나 투자하기 어려워진다. 따라서 잠재 성장률을 웃도는 실질 금리는 경기 억제적이 된다. 반대로 평균적인 소득이나 이익의 성장률보다 금리가 더 낮으면 자금을 점점 빌려서 경제 활동을 활발하게 하는 원인이 작용하므로 잠재 성장률을 밑도는 실질 금리는 경기 자극적이다.

즉 잠재 성장률과 완전히 같은 정도의 실질 금리라면 경기에 대한 영향이 중립적이 될 것이라고 생각할 수 있다.

단기적으로는 금융 완화로 실질 금리가 억제되는 국면도 있는가 하면 반대로 금융 긴축으로 실질 금리가 활발해지는 국면도 있을 것이다. 그러나 기간이 길어지면 그러한 순환이 여러 번 반복되기 때문에 그 예상 평균값은 중립적인 금리 수준에 가까워진다고 예상할 수 있다.

물가 상승률도 마찬가지로 장기 예상은 평균적인 물가 상승률에 다가갈 것이다. 따라서 명목 장기 금리는 잠재 성장률과 평균적인 물가 상승률을 더한 수준에 가깝다. 물론 잠재 성장률이나 자연 이자율도 정확한 값은 알 수 없으며 늘 엄밀하게 그렇다고 하기는 하지만 장기 금리의 수준이 평균적인 성장률을 하나의 근거로 삼아 움직인다고 생각할 수 있다.

따라서 잠재 성장률이 낮고 평균적인 물가 상승률도 낮은 나라는 기본적으로 장기 금리가 낮아진다. 반대로 잠재 성장률이 높고 물가 상승 압력이 강한 나라에서는 장기 금리가 높아지는 경향에 있다. 이런 일은 젊어서 대사가 활발한 사람은 체온이 높고 나이를 먹으며 대사가 떨어지면 체온이 낮아진다는 점에 비유해서 '장기 금리는 경제의 체온계'라는 말로 표현할 수 있다.

그런데 장기 금리는 평균적인 성장력을 하나의 기준으로 삼아 형성된다고는 해도 실제로는 눈앞의 경기와 물가 동향에 끌려다니는 부분이 있다. 그렇기에 장기 금리는 때때로 크게 변동한다.

예를 들면 경제가 원래의 실력 이상으로 성장하면 경기가 너무 좋아져서 물가 상승 압력이 높아지고 장기 금리는 크게 상승한다. 이를 사람에 비유하면 체내의 면역 활동이 너무 높아져서 고열이 나는 상태로 비유되며 금융을 긴축해서 경제 활동을 억제한다는 치료가 필요하다는 사실을 알린다.

반대로 실력을 밑도는 성장만 할 수 있으면 인플레이션 압력도 약해져서 장기 금리가 저하되고 마치 저체온증과 같은 상태가 된다. 이는 어떠한 경기 자극책을 마련해서 조금이라도 경제의 활동 상황을 끌어 올리는 대책의 필요성을 알린다.

이런 점에서도 장기 금리는 확실히 경제의 체온계다. 장기 금리의 수준과 그 동향은 이렇게 그 나라의 경제에 관하여 매우 많은 것을 말해준다.

일본은행은
어떤 조직인가?

　앞에서도 조금 언급했지만 일본의 금융 정책을 담당하는 일본은행은 일본은행법이라는 특수한 법률로 규정된 법인이다. 일반 회사의 주식에 해당하는 출자 증권은 상장 기업의 주식과 마찬가지로 도쿄증권거래소에서 매매할 수 있다. 따라서 일반인이라도 일본은행의 출자자가 될 수 있다.

　하지만 일본은행은 주식회사가 아니라서 주식이라면 당연히 동반되는 주주총회에서의 의결권이 없다. 출자 증권을 보유해도 그 경영에는 참견할 수 없다는 뜻이다. 또한 출자 증권의 50% 이상은 정부에서 보유하는 것이 법률로 정해져 있기에 민간인이 일본은행의 출자 증권을 절반 넘게 보유할 수 없다.

　일본은행의 역할로는 일본은행권이른바 지폐의 발행, 금융 정책의 결정과 집행 외에도 '은행의 은행', '정부의 은행'이라는 역할을 담당한다.

'은행의 은행'이란 은행이 일본은행에 일본은행 당좌예금을 개설하고 이를 통해 은행 간의 자금을 결제한다는 의미다. 이를테면 A 은행에 있는 B 씨 명의의 예금 계좌에서 C 은행에 있는 D 씨 명의의 예금 계좌에 송금할 경우, A 은행의 B 씨 명의의 계좌에서 잔고가 빠져서 C 은행의 D 씨 명의의 계좌 잔고가 늘어난다. 이는 각 은행의 장부상에서만 처리할 수 있는데 실제 자금의 이동은 일본은행에 있는 A 은행의 계좌에서 C 은행의 계좌로 잔고가 대체되어 이루어진다.

이렇듯 은행이 관련된 자금 거래는 최종적으로 전부 각 은행의 일본은행 당좌예금 간의 대체로 집약된다. 그 결과 각 은행의 일본은행 당좌예금 잔고가 증감하고 남은 은행의 여유 자금은 콜 시장에서 운용되며 부족한 은행의 부족분은 콜 시장에서 조달된다.

또한 '정부의 은행'은 정부의 재정 정책 등에 따른 자금 출입이 정부 명의의 일본은행 예금 계좌에서 이루어진다는 뜻이다.

그런 일본은행의 최고 의사 결정기관은 정책 위원회이며 총재와 부총재 2명, 심의위원 6명을 합하여 9명으로 구성되어 있다. 모두 임기 5년이며 국회의 동의를 얻어서 내각이 지명한다. 금융 정책을 심의하는 금융 정책 결정 모임은 1년에 8번 열리며 이 정책위원 9명의 다수결로 정책이 결정된다.

이 정도로 일본은행은 중요한 역할을 담당하는데 자본금은 1억엔에 불과하다. 돈을 직접 인쇄하니까 애초에 자본금이 별로 필요하지 않다는 뜻이 아닐까? 참고로 자본금에 더해서 각종 준비금과 이월 이익을 포함한 자기 자본은 2022년 3월 말 시점으로 4.7조 엔 정도다.

일본은행의 대차대조표balance sheet9는 매우 특수해서 대부분의 자산이 은행에서 구입한 국채 등의 유가 증권으로 채워졌다. 중앙 은행의 자산 총액은 금융 완화 정책, 특히 양적 금융 완화 정책을 통해 많이 늘어나기 때문에 금융 정책의 완화 정도를 나타내는 지 표로 종종 참조한다. 일본은행의 총자산 금액은 2022년 12월 말로 704조 엔에 달했는데 이는 연간 경제 활동 규모를 나타내는 GDP 를 크게 웃돌며 이에 대한 비율은 세계에서도 두드러지는 수준이 다. 그만큼 일본은행이 오랫동안 금융 완화 정책을 지속했다는 것 을 보여준다.

한편 일본은행의 부채는 대체로 일반 은행이 맡긴 일본은행 당 좌예금이다. 이에 더해 일본은행권의 발행 잔고도 일본은행의 대 차대조표에서는 부채로 취급된다. 부채라는 것은 일반적으로 언젠 가는 갚아야 하는 빚을 말하는데 지폐 발행은 나중에 뭔가를 갚아 야만 하는 것도 아니라서10 조금 기묘하게 느껴지기도 한다. 하지 만 일본은행은 지폐를 발행해서 자금을 조달하는 것과 같은 효과 를 얻으며 또 그 가치를 유지하기 위해서 어떠한 의무를 진다고 해

---

9 자산과 부채의 상황을 보여주는 대차대조표를 말한다. 바꿔 말해 총자산의 규모라는 의 미로 쓰이기도 한다.

10 CHAPTER 1에 나온 태환지폐는 금이나 은 등의 준비 자산으로 교환하는 것을 청구할 수 있는 채무 증권으로서의 성격을 갖췄다. 지금의 불환지폐에는 그러한 청구권이 없다.

서 부채로 분류된다.

마지막으로 일본은행은 돈을 벌까? 이는 때와 경우에 따라 달라서 이익이 나올 때도 있는가 하면 손실이 나올 때도 있다. 예를 들면 지폐 발행에는 금리를 매길 필요가 없는 한편 그것을 균형에 맞춰 유가 증권 등을 구입한 경우 그 이율을 수익으로 받을 수 있다. 말하자면 금리 없이 조달한 돈을 운용해서 이익을 올린다는 뜻이다. 이를 통화발행익Seigniorage, 화폐 주조세이라고도 하는데 평범하게 생각해 보면 이러한 것이 일본은행의 수익원이다. 그렇다고 해도 일본은행은 영리를 목적으로 한 회사가 아니므로 필요 이상으로 이익이 오른 경우에는 국고에 납부할 수 있다.

반대로 은행의 경비나 또는 일본은행 당좌예금에 플러스 금리를 매겼을 때 그 플러스 금리가 자산 쪽 유가 증권 등의 이율을 웃돌면 일본은행에는 손실이 발생한다. 그런 경우에는 어떻게 될까?

현재로는 일본은행의 손실을 세금이 기초 자금인 재정 자금으로 보충하는 것은 인정되지 않는다. 이익이 생기면 나라에 납부하는 한편 손실이 생겨도 나라에 보충해달라고 할 수 없는 것이 일본은행의 힘든 점이다. 무엇보다도 일본은행은 돈을 직접 찍을 수 있기 때문에 자금 부족에 빠져서 도산하는 일은 없을 것이다.

한편 일본은행이 거액의 채무 초과에 빠지면 금융 재정 정책의 지속성과 일본 자체에 대한 신뢰를 잃어서 일본은행이 발행하는 엔의 통화 가치 폭락을 부를 위험이 있다. 그런 경우에는 재정 자금 투입도 포함해서 신뢰성을 회복하기 위한 방법을 마련해야 한다고 생각할 수 있다.

6

금리를 알면 경제를 알 수 있다

금리가 경제에 미치는 영향

고금리와 저금리에는 각각 장단점이 있다

금리 수준이 금융 정책이나 장래의 경제 전망에 따라 형성되는 것을 지금까지 살펴봤다. 이제부터는 그때그때 살펴보기는 했지만 반대로 금리가 경제에 주는 영향에 관하여 다시 한번 정리하겠다.

먼저 금리가 내려가면 경제에는 어떤 영향이 있을까?

가장 먼저 소비와 투자를 늘리고 경제를 확장시키는 효과를 생각할 수 있다.

가계는 전체로 보면 돈이 남아도는 분야인데 그런 가게 속에서도 젊은 세대의 경우 자금이 부족하기 쉬우며 돈을 보유한 것은 비교적 고령 세대가 중심이다. 한편 소비가 활발하고 집 등에 대한 구입 의욕도 높은 것은 젊은 세대다. 이러한 차이를 메우는 것이 금융의 역할이며 거기에 개입하는 것이 금리다. 금리가 낮으면 젊은 세대가 돈을 빌려서 집이나 내구 소비재 등을 구입하기 쉬워지며 그것이 경제를 자극한다.

최근에는 기업에도 돈이 남아도는 여파가 미치기 시작했는데 기업 분야는 전체로 보면 여전히 자금이 부족하다. 다시 말해 사업을 지속하거나 설비를 투자하기 위해서 돈을 빌려야 한다. 금리는 이를 위한 비용이므로 저금리는 비용을 절감해서 수익성을 높이고 설비 등을 투자하기 쉽게 한다.

현재 기업보다 훨씬 많은 자금을 필요로 하는 것은 국가다. 재정 적자라는 관점에서 보면 금리는 세수입을 초과하는 재정 지출을 유지하기 위한 비용이라고 생각할 수 있다. 금리가 낮다면 그 비용이 저렴해져서 규모가 더 큰 재정 지출을 유지하기 쉬워진다. 재정 지출은 수요를 확대해서 역시 경제를 자극한다.

이렇듯 저금리에는 다양한 경로로 경제를 자극하는 효과가 있다. 한편 고액의 금융 자산을 보유하는 가계는 안정적으로 얻을 수 있는 금리 수입을 압박받아서 그 자산 형성이 불안정해진다. 또한 저금리의 상태화는 오히려 저성장을 정착시키거나 성가신 버블을 일으키는 등 폐해와 부작용을 만들어내는 경우가 있다. 이 중 저금리가 왜 저성장을 가져오는지는 다음 장에서 다시 설명하겠다.

금리가 오른 경우에는 위와 반대되는 일이 일어난다.

가계의 소비와 내 집 마련, 기업의 설비 투자 등이 억제되고 경기는 크게 하락 압력을 받는다. 재정 적자 비용도 늘어나서 잘못 조절하면 채권 자경단이 나타나고 장기 금리의 급등을 불러일으키며 그것이 경기에 대한 타격을 한층 더 키울 수 있다.

이는 언뜻 보면 나쁜 것처럼 느껴지지만 경기가 과열되는 기미를 보이거나 인플레이션 압력이 높아질 때는 고금리 효과로 경기를 억제하고 인플레이션 압력을 완화시켜야 한다.

물론 지나친 것은 금물이다. 금리가 너무 많이 오르면 도산이나 실업이 증가하는 경기 후퇴의 심각화를 불러서 경제에 깊은 상처를 남긴다.

이처럼 고금리와 저금리에는 각각 역할이 있어서 적절하게 운영되면 경제 안정에 기여하지만 지나치면 온갖 폐해를 만들어낸다.

버블과 금리의 관계

여기서 버블과 금리의 관계도 정리해두겠다. 버블이 발생하려면 다양한 배경을 생각할 수 있는데 뭐니 뭐니 해도 저금리 환경이야말로 버블을 일으키는 최대의 토양이 된다.

뒤에서 자세히 살펴보겠지만 저금리에는 리스크 사산에 내한 투자를 촉진하는 효과가 있다. 또한 금리가 낮을 때 리스크 자산의 가격이 지속적으로 상승하면 투자가들 사이에는 그 움직임에 뒤처지지 않으려는 감정이 널리 퍼진다. 그렇게 되면 가격이 상승해서 새롭게 매입해 그것이 더 큰 가격 상승을 일으킨다는 식으로 '구매가 구매를 부르는' 전개를 부른다.

이와 동시에 시장에는 리스크를 우려하지 않는 과감한 분위기도 퍼진다. 그런 분위기로 저금리 환경을 이용해 자금을 빌리고 그 돈을 투자에 쓰는 움직임을 강화한다. 차입 등으로 투자 금액을 부풀리는 것을 레버리지leverage1라고 하는데 금리가 낮은 상황에서는 이러한 레버리지를 건 투자가 쉽게 퍼져나간다.

그 결과 리스크 자산의 가격은 합리적으로 타당하게 생각할 수 있는 수준을 넘어서 크게 상승한다. 이 현상이 버블이다.

버블은 그 혜택을 받는 자산 보유자가 사회의 일정한 층에 치우쳐 있는 점에서 자산 격차의 확대를 부른다. 또한 버블기에는 부동산도 리스크 자산으로서 가격이 상승하는 경우가 대부분이므로 일반 세대의 내 집 마련에 큰 장애물이 되기도 한다.

한편 고금리에는 버블을 억제하는 효과가 있다. 하지만 그 효과는 때때로 폭력적인 형태로 나타난다.

고금리는 버블기에 쌓아 올린 레버리지 투자를 유지하는 비용

---

1 원래는 지레라는 의미다. 차입금을 사용하면 자기 자금에 대한 수익률을 높일 수 있는데 그것을 지레로 힘을 증폭하는 모습에 비유한 표현이다.

을 상승시켜서 되돌리기를 유발한다. 금리 부담이 무거워지면 차입으로 구입한 자산을 어쩔 수 없이 매각해야 한다. 그 매각이 자산 가격의 하락을 불러일으키고 다른 투자가의 레버리지 투자를 되돌리게 한다. 또한 때로는 그것이 '매각이 매각을 부르는' 악순환으로 이어져서 시세 폭락을 부른다.

버블은 인간의 역사 속에서 끊임없이 반복되어 온 현상이며 인간의 본성에 뿌리내린 것이라고 할 수 있다. 저금리가 버블을 만들어내고 고금리가 이를 터트리는 식으로 금리 변동이 그 순환을 한층 더 조장한다. 경험적으로 말하자면 영원히 지속되는 버블은 없다. 언젠가 버블이 붕괴할 때 시장은 엄청난 혼란에 빠져서 경제에 심각한 타격을 준다.

이러한 버블을 금융 정책으로 어떻게 다룰 것인지는 매우 어려운 문제다.

먼저 어떻게든 버블과 같은 현상을 인식할 수는 있어도 그것이 정말로 경제 전반에 큰 영향을 주는 광범위한 버블인지를 판정하는 명확한 기준이 있는 것은 아니다. 흔히 말하듯이 '버블은 끝나봐야 그 모습이 명확하게 보이는' 것이다.

또 원래 금융 정책으로 버블을 잘 통제하려고 하는 것 자체가 매우 어려운 일이다. 금융 정책으로 금리를 조절할 수는 있어도 이를 통해 생기는 투자가의 심리적 반응까지 조절할 수 없기 때문이다. 또한 금융 정책으로 주식 시장을 통제할 수 있다고 해도 그런 정책이 실체적인 경제에도 적절할 것이라는 보장이 없다.

따라서 주요 선진국의 금융 정책으로는 버블의 통제를 목적으로 해서 금융 정책이 시행되는 경우는 기본적으로 존재하지 않는다. 예를 들면 주식 시세가 지나치게 올라갔다는 이유로 이자가 상승하는 일은 기본적으로 없다.

한편 버블 붕괴로 일어나는 자산 가격의 대폭적인 하락은 이를 방치해 놓으면 경기 후퇴의 장기화와 디플레이션 압력의 증가를 부를 위험성이 높다고 생각할 수 있다. 따라서 그런 경우에는 적극적으로 금융 완화를 시행하도록 추천한다. 즉 버블을 금융 정책의 직접 대상으로 보지 않고 버블 붕괴에 대해 사후적으로 대응한다는 자세가 버블에 대한 금융 정책의 기본이다.

이렇듯 금융 정책에서는 주가 등 자산 가격의 동향을 직접적인 대상으로 삼는 경우는 기본적으로 없다. 그렇기는 해도 중앙은행이 주가 동향에 신경을 곤두세우는 일은 실제로 꽤 많다. 특히 주가 하락에는 지나치게 예민해지는 경향을 보여서 최근에는 특히 그런 경향이 강해진 것처럼 느껴진다.

주가의 변동은 경제 상황의 변화를 재빨리 파악하는 선행 지표 중 하나다. 그러므로 이유가 무엇이든 주가의 급락은 경제 상황의 악화에 대한 경계 신호라고 할 수 있다. 그런 것은 반드시 정책이 원인이라고 할 수는 없지만 때로는 정부의 경제 정책 실패와 중앙은행의 금융 정책 실패를 나타내는 것으로 받아들이기 쉽다. 그래서 주가가 크게 하락하기 시작하면 금융 정책에는 완화 방향으로 압력이 가해진다.

그러나 그렇게 하면 금융 정책은 주가 변동에 대해 조금 비대칭적인 성질을 띨 수 있다. 주가의 대폭적인 하락이 함께 일어나면 금융 완화로 이어지기 쉽고 한편으로 주가의 대폭적인 상승이 방치되면 주가의 큰 변동이 반복될 때마다 금융 정책에 완화 방향으로의 우회로가 남을 가능성이 생긴다.

실제로 최근에 오랫동안 지속된 저금리 국면에서 주가가 기본적으로 계속 상승했는데 그것이 오르내릴 때마다 정책 금리는 수준을 낮췄다. 그 배경에는 잠재 성장률의 감소와 물가 상승 압력의 감소가 있었다는 사실은 이미 살펴본 것과 같다. 주가의 상승보다 하락에 예민해져야 하는 오늘날 금융 정책의 우회로가 조금은 영향을 준다고 생각할 수도 있다.

환율은 금리로 움직인다

실수요와 투기적 거래

금리는 버블 성쇠뿐만 아니라 다른 금융시장의 동향에 매우 큰 영향을 준다. 먼저 환율에 관하여 생각해 보자.

환외환은 일반적으로 다른 통화를 교환하는 거래를 말한다.

환은 원래 자금 결제 구조를 나타내는 말이다. 자금의 결제에 드는 내국환과 외국환이 있다. 후자의 경우 필연적으로 다른 통화의 교환 거래가 따르며 그 교환 시장의 동향에 매우 중요한 의미가 있다. 그래서 일반적으로 환이라고 하면 이 외국환의 통화 교환 거래를 가리킨다.

무역 업무에는 이 외환이 필연적으로 얽힌다. 예를 들면 수입업자는 해외에서 수입한 물건을 국내에서 판매한다. 수입품의 구입 대금 지급이 원화라면 문제없지만 수많은 수입품은 외화 표시로 거래된다. 원유를 예로 들면 달러 표시로 거래하는 것이 일반적이라서 수중에 있는 원화를 달러로 바꿔 수입 대금 지급에 충당해야 한다.

수출업자는 그와 정반대로 국내에서 생산한 물건을 해외에서 판매한다. 미국에서 제품을 판매한다고 예를 든다면 매출은 달러로 표시하며 그 달러를 원화로 바꿔야 비로소 매출을 원화 토대로 확정시킬 수 있다. 국내 생산에 드는 비용은 기본적으로 원화로 표시하기 때문에 매출도 원화를 토대로 해서 확정시켜야 채산이 확정된다.

외환 거래가 발생하는 것은 이러한 무역과 관련된 물건만은 아니다. 액수로는 그보다 더 큰 것이 투융자에 얽힌 거래다. 이를테면 기업이 해외에 공장을 짓거나 해외 회사를 매수하는 등 투자에 직접 관여하는 거래가 있다. 또한 투자가가 해외 채권이나 주식에 투자하기도 한다. 이러한 거래에는 역시 외환 거래가 필연적으로 따른다.

이러한 외환 거래에서 다른 통화 간의 교환 비율을 환율 또는 외환 시세라고 한다. 참고로 원화와 외화의 거래에서는 기본적으로 외화의 일정 단위를 지금이라면 몇 원으로 교환할 수 있는가라는 형태로 비율을 표현한다.

원화와 달러의 교환을 예로 들면 1달러=1,350원이라는 식으로 표시된다. 이는 1,350원을 내면 1달러를 살 수 있거나 1달러를 팔면 1,350원을 받을 수 있다는 것을 의미한다. 무엇보다도 경제 뉴스 등에서 다루는 환율은 은행끼리 시행되는 은행 간 외환 시장에서의 거래 비율이므로 일반 소비자가 실제로 교환할 수 있는 비율은 여기에 은행의 수수료 등이 가감된 것이다.

환율에 관하여 조금 혼동하기 쉬운 점은 이 비율이 달러 가격을 원화로 표시한 것이라는 점이다.

예를 들어 이 비율의 숫자가 1,350원에서 1,400원으로 상승하면 그것은 달러 가격이 상승한 것을 나타내므로 달러 강세라고 한다. 그런데 이 움직임을 말로 설명할 때는 원화를 주어로 하는 경우가 일반적이다. 즉 '달러가 비싸졌다'가 아니라 같은 의미지만 '원화 약세'라고 표현한다.

비율을 표시하는 방법이 달러를 기준으로 한 것에 비해 말로 할 때는 기준인 달러에 대해 상대방 통화이 경우에는 원가 올랐는지 떨어졌는지에 초점을 맞추기 때문에 주어가 원화가 되며 비율의 상하와 말로서의 비싸고 싸다가 반대가 된다. 안타깝게도 이는 오랜 세월에 걸친 습관이므로 그런 것이라고 익숙해질 수밖에 없다.

이 환율, 이를테면 원화와 달러의 교환 비율은 도대체 어떻게 정해질까? 이것도 외환 시장이라는 시장에서의 거래로 저절로 형성되는데 그 시세를 움직이는 요인에는 여러 가지를 생각할 수 있다.

먼저 무역에 동반되는 통화 수급을 들 수 있다. 앞에서도 설명했듯이 수입업자에게는 외화를 구입할 요구가 있고 수출업자에게는 외화를 팔 요구가 있다. 무역 수지엄밀히 말하자면 통화별 수지가 흑자라면 수출업자의 외화 매각이 매입을 웃돌므로 원화 강세로 작용한다. 무역 수지가 적자라면 그 반대로 수입업자의 외화 매입이 웃돌기 때문에 원화 약세로 작용한다.

국내 기업이 해외에 직접 투자하거나 해외 기업이 국내에 직접 투자한다는 경우에도 보통은 외환 거래가 동반된다.

이러한 무역이나 직접 투자와 관련되어 발생하는 외환 거래는 환율 변동 자체로 이익을 노리지 않고 일반적인 기업 활동에서 필연적으로 이익이 생긴다. 그러한 거래의 요구를 실수요라고 한다.

실수요 외에도 환율 변동 자체에서 이익을 얻으려고 하는 투기적인 거래 요구가 있다. 투기적인 거래에서는 성공해서 이익이 생긴 경우에는 그 이익을 확정하기 위해서 또는 실패해서 손실이 생긴 경우에는 그 이상 손실이 커지지 않도록 하기 위해서 비교적 단기간에 반대 매매가 이뤄져 거래를 되돌릴 가능성이 크다. 그래서 이론상으로는 시세에 미치는 영향이 장기적으로는 상쇄되어 사라진다고 한다.

한편 실수요의 경우에는 기본적으로 매입이라면 매입, 매각이라면 매각의 거래가 이뤄져서 적어도 단기간에 되돌리는 일은 없다. 따라서 실수요에 따른 영향은 오래 남을 가능성이 크며 환율의 장기적인 경향에 영향을 준다고 생각할 수 있다.

그러나 실제 외환 시장에서 이뤄지는 거래의 양을 보면 실수요에 따른 거래가 차지하는 비율이 매우 적을 뿐이다. 어쨌든 세계의 은행 간 외환 시장 거래고는 2022년 4월의 숫자로 무려 1일당 7.5조 달러[2]라는 엄청난 규모를 자랑한다. 최근에는 FX외환 증거금 거래라고 해서 환율 변동으로부터 이익을 얻으려고 하는 투기 목적 자체의 거래가 확대되어 2022년 9월 일본 시장에서만 1일당 60조 엔[3]이나 거래되었다.

한국은 2022년 일평균 670억달러를 기록했다. 3년 전보다 22.5% 늘어난 큰 폭의 상승을 보였다.

또한 장기적으로는 투기적 거래의 영향이 상쇄될 것이라는 설명도 현실적으로는 그다지 적합해 보이지 않는다. 투기적 거래의 양이 일단 방대해서 늘 새로운 투기적 거래가 계속 추가되므로 개별의 투기적 거래가 되돌아오느냐 마느냐는 이미 중요하지 않다. 결국 단기적인 투기 자금이 어떻게 움직이느냐에 따라 실제 환율이 계속 움직이며 그 연쇄가 외환 변동의 커다란 트렌드를 만든다.

물론 투기 자금이라고 해도 유형이 다양하며 그 활동에는 여러 가지 요인이 영향을 준다. 그중에서도 금리의 동향은 매우 큰 영향력을 갖고 있다고 판단한다. 외환의 경우 통화 두 가지가 관련되므

---

2 국제 결제 은행(BIS)의 조사에 따른다.

3 금융 선물 거래업 협회의 조사에 따른다.

로 엄밀히 말하자면 두 통화의 금리 차가 크게 영향을 줄 수 있다.

금리 차가 환율에 어떤 영향을 미치는지 먼저 조금 교과서적인 설명부터 살펴보겠다.

달러와 원화의 경우를 예로 들면 달러의 금리는 일반적으로 원화의 금리보다 더 높다. 그러면 금리가 낮은 원화의 금리가 높은 달러로 바꿔서 운용하고 싶다는 욕구가 생긴다. 금리 차가 계속 일정하면 그 금리 차에 기인하는 거래가 이미 이루어질 기회는 충분히 있었을 것이다. 따라서 새로운 환율이 변동하는 요인으로 작용하지는 않는다. 환율은 금리 차가 더욱더 확대되고 신규로 달러 매입 요구가 발생할 때 움직인다. 반대로 금리 차가 줄어들면 이미 이뤄진 달러 매입의 일부가 되돌아와서 달러 매각이 발생한다.

또한 금리의 상승은 경기 확대를 나타낸다고 설명했으므로 금리 차의 변동은 두 나라 간에 경기의 기세에 차이가 있음을 보여준다. 상대적으로 금리가 상승하는 나라가 경기 활성화를 보이며 그러는 순간 금리가 높다는 것에 그치지 않고 다양한 투자 기회를 얻을 가능성도 커질 것이다. 따라서 금리가 역시 상승하는 나라의 통화가 쉽게 매입된다.

그러나 두 나라 간의 금리 차를 노리는 거래는 실제로도 존재한다고 해도 금리 차만 전부 수익으로 얻는 것은 사실 불가능하다. 또 금리가 높은 나라에는 투자 기회가 당연히 많을 것이라는 점도 이론상으로는 그렇다고 해도 외환 시장은 그런 움직임을 실제로 확인하지 않고 어느 정도 패턴으로 만들어진 기계적인 반응을 보여준다. 순간적으로 움직이지 않으면 외환 시장의 움직임에 따라갈 수 없기 때문이다. 그래서 정말로 금리가 오른 나라에 대한 투자의 증가 여부와 상관없이 금리가 오르면 기회를 놓치지 않고 그 통화를 매입하는 움직임이 나타난다. 그런 움직임이 현실의 환율을 형성한다.

이러한 움직임을 투기적 거래에 드는 비용이라는 관점에서 파악할 수도 있다.

투기적인 거래에서는 매각할 통화를 빌려오는 일이 흔히 일어난다. 원화 매각, 달러 매입이라면 원화를 빌려와서 이를 대가로 산 달러를 운용하는 것이다. 그러면 내야 하는 원화 금리가 낮아지고 받을 수 있는 달러 금리는 높기 때문에 인터넷에서 보면 달러와 원화의 금리 차만큼을 받을 수 있다. 반대로 원화 매입, 달러 매각이라면 금리 차만큼 내야 한다. FX 거래 등에서 스와프 포인트라고 하는 것은 이 금리 차만큼 주고받는 것일 뿐이다.

따라서 금리 차는 고금리 통화를 매각하는 비용이 된다. 금리 차가 크면 고금리 통화는 매각하기 어렵고 저금리 통화는 매각하기 쉬워진다. 그리고 금리 차가 변동하면 고금리 통화를 매각하기 위한 비용이 달라지므로 거래를 되돌리거나 신규 거래가 발생해 환율은 금리가 상대적으로 상승한 통화가 비싸지는 방향으로 움직인다.

참고로 자국 통화가 급격하게 매각되어 통화 위기에 빠진 나라가 통화를 보호하기 위해 정책 금리를 인상하는 경우가 있다. 이는 투기 자금이 자국 통화를 빌려서 매각하는 비용을 인상하기 위함이다.

일반적으로 정책 금리 인상은 자국 통화고의 요인이 된다. 하지만 통화 위기에 빠지려면 그 나름의 이유가 있을 것이기 때문에 통화를 보호하려는 이자 인상이 목적을 달성할 수 있느냐의 여부는 그때그때의 상황에 따른다.

이에 관하여 매우 유명한 사례를 들어 보겠다. 바로 1992년에 발생한 파운드 위기다.

영국은 당시 자국 통화 파운드를 유럽 주요 통화에 연동시키는 ERMEuropean Exchange Rate Mechanism, 유럽 환율 조정 장치이라는 제도에 참여했다. 그러나 경기 침체와 무역 수지 악화로 이 구조를 유지하기 어려워졌다. 게다가 조지 소로스George Soros가 이끄는 헤지펀드인 퀀텀 펀드를 비롯한 투기 관계자가 주목해서 독일 마르크 등에 대해 파운드를 매각해댔다.

잉글랜드은행은 9월 16일 수요일 하루에 두 번 총 5%라는 엄청난 이자 인상을 감행하여 파운드를 보호하려고 했지만 파운드 매각은 해결되지 않았다. 결국 파운드 환율을 유지하는 것을 포기해야 했다.

역시외 전통이 있는 영국의 중앙은행이 투기 관계자에게 무릎을 꿇은 굴욕적인 날이라고 해서 그날은 블랙 웬즈데이검은 수요일라고 불렀다. 또한 파운드를 적극적으로 매각해 큰 이익을 거둔 조지 소로스는 '잉글랜드은행을 부순 사나이'로 불리며 전 세계의 시장 관계자 사이에서 그 이름을 널리 알렸다.

머니 게임의 극치처럼 들리겠지만 여기에는 뒷이야기가 있다. 파운드가 대폭 하락해서 통화 보호를 위해 금융을 긴축해야 했던 영국은 그때부터 길고 긴 경기 회복기에 들어간다. 따라서 1992년 9월 16일은 영국 경제가 호전되는 계기를 만든 날이라고 해서 지금은 화이트 웬즈데이라고 하기도 한다.

이 일은 그때까지 잉글랜드은행이 고집하던 환율이야말로 영국 경제를 크게 짓누르는 돌이 되었다는 것을 보여준다. 이처럼 근본적인 이유가 따로 있을 경우 금리 인상을 통한 통화 보호가 반드시 성공하는 것은 아니라는 의미다. 또한 조지 소로스 등의 투기는 정책 실수를 공격해서 성공한 것이라고 할 수 있겠다.

헤지 외채와 환율의 관계

앞에서 양국 간의 금리 차를 그대로 다 얻을 수 없다고 했는데 그 점에 관하여 설명하겠다.

달러를 예로 들면 보유한 원화를 달러로 바꿔서 달러로 운용하고 싶다는 요구가 매우 크게 존재한다. 그러나 원화를 팔고 달러를 사서 그 달러를 운용할 뿐이라면 기본적으로 환율 변동 리스크를 부담하지 않는다.

예를 들면 1달러 1,350원일 때 1,350만 원을 1만 달러로 바꿔서 운용했다고 하자. 환율이 1,300원이 되면 운용하던 1만 달러의 원화 환산 가치가 1,300만 원이 되어서 50만 원만큼 평가 손실이 발생한다. 그러면 모처럼의 달러 운용으로 얻을 수 있는 금리 수입이 쉽게 사라진다.

물론 이러한 리스크를 헤지회피할 수는 있다. 다음 장에서 설명하는 통화 스와프가 주요 수단이다. 하지만 여기에서는 자세한 설명은 생략하고 외환 리스크를 회피하려고 하면 금리 차에 해당하는 거래 비용이 들어서 애써 고금리 통화로 운용하는 장점이 사라지고 만다. 즉 투자가가 외환 리스크의 헤지를 포함해서 달러를 운용해도 얻을 수 있는 것은 기본적으로 원화 금리에 상당한다[4]는 뜻이다.

그럼 환율에 미치는 영향에 관한 이야기로 되돌리면 이러한 헤지를 포함하는 외화 투자는 실제로 환율에 직접적인 영향을 주지 않는다. 그 이유는 투자 자금을 얻기 위한 외화 매입과 리스크 헤지를 위한 장래의 외화 매각이 조합되어 양쪽의 영향이 상쇄되기 때문이다.

따라서 환율에 영향을 주는 것은 어디까지나 외환 리스크를 받

---

[4] 그에 더해 통화 베이시스라고 하는 추가 비용도 발생하므로 헤지 후의 운용 성적은 한층 더 나빠질 수 있다. 이 점도 다음 장에서 설명한다.

는 형태로 실시하는 거래다. 그러면 금리 차만 통째로 얻을 수 없어서 결국 환율 변동을 예측해서 이를 통해 이익을 얻는 방법을 생각해야 한다. 그런 투기 자금의 움직임이 환율을 움직이게 한다.

구매력 평가와 금리 차 ~상반되는 두 가지 요인

구매력 평가는 환율의 본원적인 이론값을 설명하는 요소다. 구매력이라는 것은 그 통화로 물건을 어느 정도나 살 수 있는지를 나타내는 능력이며 구입할 수 있는 물건의 가치로 측정한 통화의 가치라고 할 수 있다. 구매력 평가는 그 구매력이 같아지도록 환율이 정해지거나 정해져야 한다는 개념이다. 어디까지나 이론상의 개념인데 몇십 년이라는 장기로 생각하면 실제 환율은 구매력 평가에 따라 움직이는 것처럼 보일 때가 꽤 많다.

흔히 빅맥 지수를 예로 사용하는데 맥도날드의 빅맥 가격으로 구매력을 측정한다. 빅맥 1개가 미국에서는 5달러이고 한국에서는 5,000원이라고 하면 구매력은 5달러=5,000원이므로 1달러당으로 계산하면 1,000원이다. 이것이 이 경우의 구매력 평가다. 덧붙이자면 대상으로 선택하는 상품군에 따라 이 값은 달라진다.

확실히 구매력이야말로 통화의 본원적 가치이며 구매력이 같아지도록 환율이 정해진다는 개념은 맥락이 통해서 설득력이 있는 것처럼 생각할 수 있다. 하지만 실제 환율은 반드시 구매력 평가에 따라 움직인다고 할 수 없다. 그 이유는 구매력 평가에 따른 환율의 조정 압력이 매우 약하기 때문이다.

앞에서 든 예에서 실제 환율이 1,400원이라고 하자. 5달러를 이 환율을 이용해 원으로 바꾸면 7,000원이다. 다시 말해 미국에서는 5달러로 빅맥 1개를 살 수 있는데 같은 5달러에 상당하는 원화로 한국에서는 빅맥 1.4개를 살 수 있다. 그러나 미국에 있는 사람은 한국의 맥도날드에서 빅맥을 구입할 수 없고 비행기를 타고 일부러 한국에 오면 그것만으로 큰 비용이 든다.

그렇기에 실제 환율과 구매력의 격차를 이용하려고 해도 할 수 없는 것이다. 따라서 환율을 구매력 평가에 가깝게 하는 장치도 작용하지 않는다.

그래도 장기적으로 보면 환율이 구매력 평가에 따라 움직이는 것처럼 보일 때가 많은 것은 아마 무역 수지의 조정 압력일 것이다. 비용 없이 수출입 할 수 있는 제품이 있는데 국내에서는 2,400원, 미국에서는 2달러였다고 하자. 환율이 1달러 1,200원이라고 하면 미국인이 한국 제품을 구입하려고 하면 2달러로 살 수 있다. 하지만 이래서는 미국제와 같아서 차이가 생기지 않는다.

이때 미국의 물가가 상승하고 그 제품의 가격이 2.4달러가 되었다고 하자. 한국에서의 국내 가격은 2,400원 그대로다. 구매력 평가는 2,400원÷2.4달러로 1달러 1,000원이다. 실제 환율이 1,200원 그대로라면 미국인은 계속 한국 제품을 2달러에 수입할 수 있으므로 2.4달러의 미국에 대한 수출이 늘어난다. 이와 함께 달러 매각이 늘어나므로 환율에는 내림세 압력이 더해진다. 이는 1달러 1,000원의 환율이 되어 한국 제품의 수입 가격이 2.4달러로 상승하며 미국제와의 가격 차가 사라질 때까지 지속된다.

이 사례에서는 미국에서 인플레이션이 일어나면 구매력 평가가 달러 약세, 원화 강세 방향으로 수정되어 이에 따라 환율이 움직인다.

실제로는 무역 수지가 가격 요인만으로 변동하는 것은 아니라서 반드시 이론대로 된다고 할 수 없지만 수출입의 증감을 통해 환율을 구매력 평가에 가깝게 하는 장치가 존재한다는 뜻이다. 하지만 이 경우의 구매력 평가는 수출입을 할 수 있는 무역재에 관한 구매력 평가다.

한편 앞에서는 투기적인 자금이 양 통화의 금리 차를 보고 움직인다고 했다. 여기서 조금 귀찮은 문제가 생긴다. 구매력 평가에 따른 외환 조정 장치와 금리 차에 따른 외환 조정 장치가 기본적으로 역방향에 좌우하기 때문이다.

한쪽 나라에서 인플레이션이 일어나면 구매력 평가는 인플레이션이 일어난 나라의 통화가 싸지도록 변동한다. 다른 한편에서 인플레이션이 발생하면 금융 정책은 이를 억제하기 위해 긴축 정책을 펼치므로 금리가 올라간다. 따라서 투기적인 자금은 인플레이션이 나타난 나라의 통화로 향한다.

앞에서도 언급했지만 현재 외환 거래에서 투기적인 자금이 압도적인 점유율을 차지하고 있다. 그래서 무역을 통한 외환 조정 장치는 금리 차에 따라 움직이는 방대한 투기 자금의 흐름 속에서 거의 두드러지지 않는다.

이렇게 해서 외환 시장에서는 금리 차야말로 환율의 동향에 가장 영향력을 갖는 요인이 되었다. 이를 이해하려면 외환 시장이 이미 엄청난 규모의 투기 자금으로 움직인다는 사실을 알아야 한다. 금리 차 이외의 요인이 외환 시장을 움직이게 하는 일은 많다. 장기적으로 봤을 때 구매력과 동떨어진 환율이 과연 지속할 수 있느냐는 논점도 있는데 어쨌든 금리를 외면하고 외환을 이해하기란 이미 불가능하다고 해도 좋다.

SECTION 6-3

금리는 주식 시장에서도
매우 중요한 요소

주가는 무엇으로 정해지는가?

금리는 주가 수준에도 큰 영향을 주는 중요 인자다. 다시 말하자면 주식뿐만 아니라 부동산 등 다양한 리스크 자산의 가격에 대해서도 금리가 큰 영향을 준다. 그 장치는 기본적으로 다 똑같아서 여기에서는 주식에 초점을 맞춰서 이야기를 진행하겠다.

금리 하락은 주가에 직접적인 플러스 요인으로 작용한다. 이를 쉽게 설명하려면 채권과 비교하는 것이 좋다. 금리 하락이란 채권으로 말하자면 이율 하락과 같은 뜻이다. 이율이 하락하는 것은 채권 투자의 수익률이 나빠지는 것을 의미하기 때문에 채권 투자의 매력이 줄어들고 상대적으로 주식 투자의 매력이 증가한다. 그리고 투자 자금의 일부가 채권에서 주식으로 이동해서 주가에는 상승 압력이 가해진다.

이를 조금 이론적인 관점에서 살펴보자면 다음의 설명은 주식뿐만 아니라 다양한 자산의 가격이 갖는 의미를 생각할 때 공통적으로 사용할 수 있다.

먼저 주가는 물론 시장에서의 거래 결과로 정해지기는 하지만 이론적으로는 주식을 보유해서 얻을 수 있는 경제 효과를 금액으로 환산한 것이라고 생각할 수 있다.

주식을 보유한다는 말은 그 기업에 출자한 사람으로서의 권리를 얻는 것과 같다. 그 권리에는 주주 총회에서의 의결권 등도 있는데 경제적인 권리라는 의미에서는 배당을 받는 권리가 중심이다. 배당이란 기업이 벌어들인 이익 중에서 주주에게 지급되는 이익 분배금을 말한다.

주식의 가격은 이 경제적 권리를 얻기 위한 대가라고 생각할 수 있다. 따라서 그 경제적 권리의 가치를 계산하면 그와 비슷해질 것이다. 장래의 배당금액은 약속된 것이 아니므로 어디까지나 예상을 토대로 생각할 수밖에 없다. 현실적으로는 장기적인 배당 수입만 고려해서 주식 투자하는 사람도 있는가 하면 주가 자체의 가격 인상 이익을 기대하며 투자하는 사람이 많다. 그러면 이유야 어찌 됐든 '최근 주가가 오르고 있으니 앞으로 한층 더 오를 것이다'라는 의도로 투자하는 사람이 늘어나서 주가가 크게 상승하기도 한다. 따라서 실제 주가에는 적어도 단기적으로는 좀 더 다른 요인이 크게 영향을 준다. 장기적으로 보면 주식에는 그 주식을 보유하는 것에 따른 본원적인 가치가 있을 것이다.

장래에 받을 수 있는 배당 가치의 합계야말로 주식의 본질적 가치라고 하는 생각을 배당할인 모델이라고 한다. 주가의 적절한 수준을 이론적으로 설명하는 주가 모델의 가장 기본적인 것이 되었다. 주가 모델은 어디까지나 적절한 주가 수준을 계산하는 것이며 반드시 현실의 주가와 일치한다고 할 수 없다. 양쪽을 비교해서 현실의 주가가 너무 비싸거나 싼지를 판단할 수 있다.

이 배당할인 모델에도 배당을 예상하는 방법과 어느 정도의 기간으로 계산해야 하는가에 따라 계산 방법이 다양하다. 배당이 해마다 일정한 비율로 성장한다고 가정해서 영원히 그 가치를 계산하는 방법이 가장 간단하다. 조금 지나치게 단순한 가정이지만 여기에서는 주가의 변동 요인을 생각하고 싶을 뿐이므로 정밀함에 너무 집착하지 않는다고 하면 이론상의 주가를 다음과 같은 단순한 식으로 계산할 수 있다.

이론상의 주가

$$= \frac{\text{배당(1주당)}}{\text{리스크 프리 금리} + \text{리스크 프리미엄} - \text{배당 성장률}}$$

그런데 기업은 벌어들인 모든 이익을 배당으로 지급하는 것은 아니다. 배당으로 지급하지 않는 이익은 기업의 내부에 축적되어 한층 더 사업 전개의 자원이 된다. 일반적으로 이를 내부 유보라고 한다.

이 내부 유보된 이익은 누구의 것일까? 이론상으로는 주주의 것이다. '이론상으로'라고 미리 말한 것은 주주가 이를 실제로 자신의 것으로 받아들일 수 없기 때문이다. 주주가 받을 수 있는 것은 어디까지나 배당이다.

하지만 실제 주가는 이 내부 유보분도 포함해서, 즉 배당으로서 실제로 받을 수 없는 분량도 포함해서 주가가 형성된다. 예를 들면 미국 IT 대기업 아마존은 이익을 전부 내부 유보로 하며 배당은 지급하지 않는다. 그런데도 그 주식은 매우 비싼 가격으로 거래된다. 이러한 현상은 단순한 배당할인 모델로는 설명하기 어렵다. 결국 지금 실제로 받을 수 있는 예정이 없는 것이라도 이론상 주주에게 귀속되는 내부 보유분도 포함해 주가가 형성된다고 생각할 수 있다.

그래서 조금 전에 설명한 모델을 수정하여 배당뿐만 아니라 내부 보유분도 포함한 이익이야말로 주식의 가치 원천이라고 생각하기로 하자. 그러면 앞에서 설명한 식의 '배당1주당' 부분은 '이익1주당'으로 바뀐다. 이 바뀐 식은 EPSEarnings per Share, 1주 이익라고 한다. 또한 이 계산에 사용하는 이익은 법인세 등을 낸 후의 세금 공제

후 당기 순이익이 된다.

바꾼 후의 이론 주가 계산식은 다음과 같다.

이론상의 주가

$$= \frac{\text{순이익(1주당)}}{\text{리스크 프리 금리} + \text{리스크 프리미엄} - \text{순이익 성장률}}$$

배당할인 모델의 식 성립★

앞에서 말한 식의 성립을 쉽게 설명하겠다. 1년 복리를 토대로 하는 금리가 r일 때 n년 후에 받을 수 있는 금액은

$$n\text{년 후의 금액} = \text{현재 금액} \times (1+r)^n$$

으로 계산할 수 있다고 CHAPTER 2에서 설명했다. 이 식을 변형하면

$$\text{현재 금액} = \frac{n\text{년 후의 금액}}{(1+r)^n}$$

이 된다. 이는 금리 r의 수준을 알고 있을 때 n년 후에 받을 수 있는 금액의 현시점에서의 가치를 계산하는 식이 된다. 중간의 계

산은 생략하겠지만 미래에 걸쳐서 해마다 일정액을 받을 수 있는 캐시 플로에 이 계산을 적용하면

$$현재의\ 금액\ =\ \frac{일정\ 금액}{r}$$

이라는 형태가 된다. 이 계산은 영원히 이뤄지므로 여기에서 사용되는 금리 r도 미래에 대응한 금리가 된다. 현실에 그런 금리는 없으며 그다지 정밀함을 바라는 계산도 아니므로 여기에서는 r에 장기 금리를 사용한다고만 해두겠다. 여기서 받는 금액이 해마다 일정한 비율 g로 성장한다고 하면 이 식은

$$현재의\ 금액\ =\ \frac{처음\ 수취\ 금액}{r-g}$$

으로 바꿀 수 있다.

이때 신용 리스크가 있는 상대방에게 돈을 빌려줄 때의 금리는 무위험 지표 금리에 신용 스프레드를 더한 것이 된다고 하는 이야기를 기억해보자. 주식은 돈을 빌려주는 것과는 조금 다른데 위험이 크다는 점에는 차이가 없다. 장래에 전망되는 배당을 정말로 받을 수 있는지 없는지 알 수 없고 애초에 장래의 어느 시점에서 그 기업이 도산해 사라질 수 있다. 그래서 국채 이율 등의 무위험 지표 금리에 비해 높은 금리를 이 계산에 이용해야 한다.

이러한 리스크가 있는 자산의 이론 가격을 계산할 때 사용하는 무위험 지표 금리에 더하는 추가 이율을 리스크 프리미엄이라고 한다. 이는 리스크를 감수하는 것에 대해 투자가가 바라는 대가다. 주식 투자는 돈을 벌거나 손해를 보는 것인데 평균을 내면 국채 등에 대한 투자보다 돈을 더 버는 것 같다고 느끼지 않으면 수많은 투자가가 손해를 볼 수도 있는 주식에 대해 투자하고 싶어 하지 않는다. 그것이 리스크 프리미엄의 역할이다.

리스크 프리미엄의 수준은 그 결과 투자가가 이익을 얻기 위해 얼마나 적극적으로 리스크를 감수하려고 하는가 또는 얼마나 리스크를 감수하는 것을 싫어하는가에 좌우된다. 예를 들면 투자가가 주식 투자에 대해 신중한 자체를 강화하여 리스크를 기피하는 정도가 강해지면 그 수준은 커지며 반대로 이익을 추구하기 위해 리스크를 적극적으로 감수하려고 해서 리스크 선호도가 올라가면 작아진다.

따라서 여기까지 단순히 금리 r로 한 부분은 국채 등의 이율인 무위험 지표 금리에 리스크 프리미엄을 더한 것이다. r을 무위험 지표 금리를 나타내는 기호로 해서 여기에 리스크 프리미엄 p를 더하고 처음에 받을 수 있는 금액을 현재의 1주당 배당액으로 바꾸면 다음과 같은 식을 이끌어낼 수 있다.

$$\text{이론 주가} = \frac{\text{배당(1주당)}}{r + p - g}$$

이것이 앞쪽에서 첫 번째로 나타낸 식이다. 그 분자를 EPS로 바꿔서 대입하면

$$\text{이론 주가} = \frac{\text{EPS}}{r + p - g}$$

로 두 번째 식이 된다.

금리가 주가에 미치는 영향

이론 주가에 관한 이야기를 길게 했는데 이러한 식을 보면 이론상 주가가 어떤 요인으로 움직이는지 알 수 있다. 먼저 분자의 EPS, 즉 1주당 순이익이 늘어나면 이론 주가는 올라간다. 이는 당연하다면 당연하다.

다음에 분모는 r과 p가 작아지면 이론 주가가 올라가고 커지면 이론 주가가 내려간다. 반대로 g가 커지면 이론 주가가 올라가고 작아지면 이론 주가는 내려간다. 이를 말로 표현하면

◎ 금리가 내려가면 주가는 올라가고 금리가 올라가면 주가는 내려간다

◎ 투자가가 리스크를 선호하는 정도가 강해지면 주가가 올라가고 투자가가 리스크를 기피하는 정도가 강해지면 주가는 내려간다

◎ EPS의 성장 기대가 높아지면 주가는 올라가고 성장 기대가 둔화되면 주가는 내려간다

라고 할 수 있다.

금리가 내려가면 주가는 왜 올라갈까? 장래의 이익액을 현재의 금액으로 환산할 때 금리가 낮으면 환산액이 그만큼 커지기 때문이다. 바꿔 말하자면 금리가 낮은 상황에서는 금액이 같더라도 현시점에서 봤을 때 장래 이익의 가치가 커진다는 뜻이다.

앞에서 채권과 비교해서 매력이 늘어난다고 표현했는데 이를 이론적으로 설명하면 지금까지 말한 것과 같다.

그런데 금리가 점점 떨어지면 이론상 주가의 계산에는 커다란 변화가 나타난다. 현시점에서의 EPS1주당 순이익에 대한 주가의 배율이 점점 커진다.

EPS에 대한 주가의 배율은 PERPrice Earnings Ratio, 주가 수익률라고 하며 경험적으로 대체로 15~20배 정도가 적정하다고 한다. 이 PER는 앞에서 소개한 단순한 주가 모델에 적용하면

$$이론상의 PER = \frac{1}{무위험\ 지표\ 금리 + 리스크\ 프리미엄 - EPS\ 성장률}$$

이 된다.

조금 적당한 숫자인데 예를 들면 무위험 지표 금리를 5%, 리스크 프리미엄을 똑같이 5%, EPS 성장률도 5%라고 하면 이론상의 PER는 20배가 된다. 무위험 지표 금리가 0%로 떨어졌을 때를 생각하면 아마 EPS 성장률도 조금 저하된다고 생각하는 것이 자연스럽다. 따라서 무위험 지표 금리 0%, 리스크 프리미엄 5%, EPS 성장률 3%로 해서 계산해 보면 PER는 50배로 폭등한다.

이 주가 모델은 정교한 계산에 맞지 않으므로 실제로는 좀 더 복잡하겠지만 금리가 저하되어 0에 가까워지거나 더 나아가 마이너스가 되면 이론상의 주가에는 매우 큰 영향이 나타난다고 예상할 수 있다.

금리가 상승하면 지금까지 봐온 것과는 다른 장치가 생긴다. 금리 상승은 채권의 매력도를 높여서 상대적으로 주식의 매력도를 낮춘다. 이는 금리가 높아지면 장래의 이익액을 현시점에서의 가치로 환산할 때 금액이 크게 할인된다고 바꿔 말할 수 있다.

또한 금리 상승은 주가에 영향을 주는 중대 요인인 리스크 프리미엄에도 영향을 미칠 수 있다. 금리가 오르면 시장에 스트레스가 발생하고 경제 성장도 억제되기 때문에 장래의 불확실성이 늘어나서 투자가의 리스크 기피도가 높아질 가능성이 크다. 그러면 실제로 금리가 상승한 것에 따른 영향 이상으로 주가에 악영향이 생길 우려가 있다.

금리의 상승으로 주가가 내려간다는 관계는 특히 장래의 이익 성장률이 높이 평가되는 기업에게 강하게 적용된다. 그런 기업은 앞으로 더 많은 이익을 얻기를 기대받는데 고금리 때문에 그 장래 이익의 현시점에서의 가치가 작아진다.

2022년 미국에서 금리가 급상승하는 바람에 주가도 조정 국면을 맞이했다. 그중에서도 구글상장기업명은 알파벳, 아마존, 페이스북상장기업명은 메타, 애플, 마이크로소프트 등 대형 IT 기업군의 주가는 특히 크게 떨어졌다.

이런 기업군은 그때까지의 주가 상승을 크게 견인하는 존재였다. 그 주가가 내려간 원인에는 열 가지 배경이 당연히 있는데 금리 상승이 크게 영향을 준 것이 분명하다.

제로 금리와 마이너스 금리란 무엇인가?

저금리화의
역사

주식 시세나 환율에서는 한 방향으로 시세가 움직여서 결코 원래 수준으로 돌아오지 않는다는 경우가 충분히 있을 수 있다.

예를 들면 미국의 주식 시세는 여러 번 대폭락을 경험해도 긴 안목으로 보면 백여 년에 걸쳐서 계속 상승해왔다. 지금의 주가 수준이 100년 전은 물론 10년 전과 비교해도 엄청나게 높아져서 앞으로 예전의 수준까지 돌아갈 가능성이 매우 낮다.

달러 엔 환율은 변동환율 제도로 이행한 후 약 40년에 걸쳐서 엔고 경향이 이어졌다. 그 후에는 엔저로 반전 경향을 보이는데 그렇다고 해도 언젠가 다시 엔고 경향으로 돌아온다는 보장이 없다. 어쩌면 앞으로는 오래된 엔저 경향이 지속되어 1달러=100엔의 시대가 두 번 다시 돌아오지 않을 수도 있다.

그런데 금리는 기본적으로 그렇지 않다. 금리에는 대체로 그 수준감이라는 것이 있어서 기본적으로는 대략적인 수준 안에서 위아래를 왔다 갔다 할 뿐이며 전혀 다른 수준이 되지 않는다. 국가 재정이 파산 위기에 빠지면 일시적으로 금리가 굉장한 수준까지 올라간다. 하지만 어떤 형태로 위기가 해결되어 상황을 안정시키면 다시 원래 수준으로 돌아갈 것이다.

그러나 이러한 금리의 중심 회귀성은 과거 40년 정도에 관해서 말하자면 별로 적용되지 않는 시기가 이어졌다. 1980년대 초 이후 세계적으로 금리는 거의 일관된 저하 경향을 지속했다. 2022년은 어쩌면 이 오랜 금리 저하 경향이 끝난 해가 될지 모르지만 아무튼 이 큰 경향은 전 세계의 금리 수준을 유례를 찾아볼 수 없는 수준까지 낮춰서 지금까지 금리에 관한 상식으로 여겨온 개념들을 뒤집기에 이르렀다.

마지막인 이 장에서는 그러한 저금리화의 역사에 초점을 맞춰서 거기서 생겨난 새로운 금리 상식에 관하여 살펴보겠다.

애초에 왜 금리는 일방적으로 계속 내려가거나 올라간다고 생각했을까? 이미 CHAPTER 5에서 언급했듯이 경기 자극적인 저금리와 경기 억제적인 고금리를 오랫동안 계속하기 어렵기 때문이다. 너무 낮은 금리를 지속하면 버블이 발생하고 인플레이션이 진행될 것이다. 반대로 너무 높은 금리를 지속하면 경기가 나빠져서 경제 성장률에 큰 장애물이 된다. 그래서 긴 안목으로 보면 금리는 잠재 성장률에 평균적인 물가 상승률을 더한 중립적인 금리 수준을 중심으로 해서 단기적으로는 거기에서부터 크게 오르락내리락할 때가 있다고 해도 역시 또 중심적인 수준으로 돌아올 것이다.

그럼 그렇다고 해도 과거 40년 동안 거의 일방적인 저금리화가 진행된 이유는 무엇일까? 그 이유는 결국은 그 수준으로 돌아가리라고 생각할 수 있는 중립적인 금리 수준, 즉 잠재 성장률 플러스 평균적인 물가 상승률이 계속 저하되었기 때문이다.

미국을 포함한 주요 선진국 경제의 실질 경제 성장률은 추세적으로 저하되었다. 이는 잠재 성장률의 저하를 보여준다. 또한 물가 상승도 역시 추세적으로 저하되어서 시대를 쫓을 때마다 물가 상승 압력이 약해졌음을 엿볼 수 있다. 그런 점이 중립적인 금리 수준을 하락시켰다.

잠재 성장률의 저하는 인구 증가율의 저하와 저출산 고령화의 진전 등 인구 동태의 변화에 큰 영향을 받는다. 또한 주요 선진국에서는 다양한 제품과 서비스의 보급률 수준이 매우 높아져서 한때 자동차나 가전제품의 폭발적인 보급률 상승으로 나타난 고도경제성장과 같은 상황이 거의 생기지 않게 된 점도 있을 것이다.

물가 상승률의 추세적 하락 이른바 디스인플레이션도 이러한 저성장으로의 이행으로 나타났다. 기술 혁신과 경영 효율화와 함께 질 좋은 제품이 대량으로 만들어지고 있는데 한편으로 수요는 조금씩만 늘어나기 때문에 가격 경쟁이 격심해져서 인플레이션이 발생하기 어렵다. 1990년대부터 중국 등을 둘러싼 형태로 급속하게 진행한 경제 글로벌화도 인플레이션 압력을 크게 감쇄해온 강력한 요인으로 생각할 수 있다.

CHAPTER 5에서 설명한 돈이 넘쳐나는 현상도 이러한 성장력의 저하와 똑같은 현상이다. 그 결과 넘치는 돈은 디스인플레이션과도 공존해왔다. 예전에는 돈의 양이 늘어나면 인플레이션이 발생한다는 것이 경제학의 중요한 도그마였다. 저성장 상황에서는 아무리 돈이 남아돌아도 그것이 경제 활동으로 향하지 않는다. 따라서 인플레이션 압력을 높이는 힘으로 작용하지 않는다. 이는 한때의 상식이 지금은 통하지 않게 된 일례다.

장기에 걸친 저금리화 경향에 따라 뒤집힌 예전의 상식이 또 하나 있다. 그것은 금리에는 플러스의 수준 어딘가에 하한이 있어서 제로나 마이너스가 되지 않는다는 것이다. 금리가 마이너스가 되지 않는다는 것을 금리의 제로 금리 하한이라고 하며 조금 전까지의 금융에 관한 부분에는 매우 당연한 상식으로 쓰여 있었다. 금리는 돈을 빌려주는 대가이므로 대가가 플러스인 것이 당연하다고 하면 당연하다.

매우 당연한 상식이라고 해도 일단 이론적인 근거도 있는데 그것이 유동성의 함정이라는 개념이다. 쉽게 말하자면 금융 정책 등으로 아무리 금리를 낮추려고 해도 거기에는 한계가 있다는 뜻이다. 금리에 관한 논의에서는 간혹 언급되기도 하므로 간단히 살펴보겠다.

이 논의에서는 금리를 돈을 보유하는 비용이라고 생각한다. 장롱 예금을 머릿속에 그려보면 좋은데 현금 보유는 금리를 만들어 내지 않는다. 세상의 돈은 대부분이 은행 예금인데 그 경우라도 당좌예금이나 보통예금 등의 결제성 예금에서는 금리가 붙지 않거나 붙었다고 해도 얼마 안 될 것이다. 누군가에게 그 돈을 빌려주면 높은 금리를 얻을 수 있다고 할 경우 돈의 보유는 그것을 사용해서 얻을 수 있는 금리라는 이익을 빠뜨린다는 의미에서 기회비용을 동반한다. 그래서 금리는 돈을 보유하는 데 드는 비용이다. 당연히 금리가 높으면 기회비용은 그만큼 높아진다.

그 기회비용인 금리가 어느 수준까지 내려가면 돈을 보유하는 데 드는 비용이 거의 느껴지지 않는다. 그러면 금융 완화 정책으로 돈이 대량으로 공급되어도 돈의 상태 그대로 보유되어 대출 등으로 쓰지 않기 때문에 대출 금리가 내려가지 않는다. 즉 그 이상의 금융 완화 정책이 효과를 가져오는데 이것이 유동성의 함정이다.

이것은 어디까지나 개념적인 논의이므로 실제 금리 하한 수준이 어느 정도인지 정확히 알 수 없다. 그러나 역사적으로 보면 1619년에 기록된 제노바 국채 이율 1.125%라는 것이 장기 금리의 세계사적인 최저 수준으로 간주되며 이것을 오랫동안 대략적인 금리의 하한 수준으로 의식해 왔다.

이 역사적인 기록을 깨뜨린 곳이 1998년 일본이다. 당시 일본은 버블 붕괴 후의 과오의 유산으로 고민했는데 1997년에는 야마이치증권, 1998년에는 일본 장기신용은행과 일본 채권신용은행이 파산하는 등 금융 위기가 절정에 달했다. 그리고 같은 해 금융 위기의 심각화와 함께 디플레이션이 나타날 우려가 커져서 장기 금리가 급격하게 저하되어 단번에 0.77%까지 내려가 저금리 기록을 경신했다.

일본은 그 후에도 기록을 계속 갱신했으며 제노바 세계기록은 점점 먼 옛날의 것으로 빛바래져 갔다. 이 저금리화 경쟁에 유럽도 뒤따라서 2016년에는 일본과 유럽에서 연달아 장기 금융이 마이너스권에까지 돌입했다. 일본의 10년물 국채 이율 최저 기록은 지금까지 –0.297%, 독일 10년물 국채에 이르러서는 –0.854%라는 값이 기록되었다[1]. 2022년에는 이러한 금리 정세에 큰 변화가 생겼는데 어쨌든 긴 금리의 역사상 유례없는 수준까지 저금리화가 진행되었다.

장기 금리보다도 변동이 심한 단기 금리의 세계에서는 예전에도 여러 번 제노바 국채의 1.125%보다 더 낮은 금리를 볼 수 있었지만 그래도 역시 최근만큼 이상할 정도로 낮은 단기 금리가 오래 지속된 사례는 역사상 찾아볼 수 없다.

먼저 1999년에는 일본에서 상식을 벗어난 제로 금리 정책이 도

---

1 일본 국채의 이율은 재무성, 독일 국채의 이율은 Inbesting.com에서

입되어 단기 금융 시장의 중심적 존재인 무담보 콜 익일물 금리가 거의 0% 가까이 유도되었다. 마이너스 금리 정책은 유럽이 선행했지만 2016년에는 일본에서도 도입되어 마이너스 정책 금리 및 마이너스 단기 금리가 세계의 수많은 장소에서 정상적인 상태가 되었다.

이렇게 해서 플러스 수준의 어딘가에 금리 하한이 있다는 유동성의 함정에 따른 예측은 완전히 깨졌다.

무엇보다도 저금리가 지나치게 진행되면 전통적인 금융 완화 정책의 효과가 한정적이 된다는 의미에서는 '유동성의 함정'과 같은 상태라고 할 수 있다. 이 유동성의 함정과 같은 상황을 타파하려고 하는 정책이야말로 비전통적 금융 정책이다.

왜 손해를 보면서까지
돈을 빌려줄까?

제로 금리야 어찌 됐든 마이너스 금리가 되면 금리에 관한 상식이 여러모로 수정되어야 한다. 금리는 돈을 빌린 사람이 내고 돈을 빌려준 사람이 받는 것이다. 하지만 마이너스 금리는 이 상황이 뒤집힌다. 돈을 빌린 사람이 금리를 받고 돈을 빌려준 사람이 금리를 낸다.

채권에서도 이상한 현상이 일어난다. 금리가 플러스인 시대라도 이자쿠폰가 붙지 않는 제로 쿠폰 채권zero coupon bond이 존재했다. 투자가는 이 채권을 할인된 가격으로 매입해서 이익을 얻었다. 1,000원으로 상환되는 제로 쿠폰 채권을 950원으로 매입하면 50원이 투자가의 이익이 되어서 쿠폰이 제로인 것을 보완해준다. 할인된 가격으로 투자하기 때문에 이를 할인채권이라고 했다.

그러나 금리 수준이 마이너스인 세계에서는 제로 쿠폰 채권의 가격이 1,000원을 넘는다. 예를 들어 1,010원으로 매입하면 만기시 1,000원이 돌아온다는 뜻이다. 이미 '할인' 채권이 아니라는 것인데 일단 예전의 관습을 따라 이런 경우라도 할인채권이라고 부르기로 했다. 여하튼 투자가는 이 채권을 매입해서 만기까지 보유하면 확실히 10원만큼 손실을 본다. 그 손실이 마이너스 이율이라는 뜻이다.

여기서 의문이 생긴다. 투자가는 왜 손해인 줄 뻔히 아는 채권에 투자할까? 돈을 빌리고 빌려줄 때도 마찬가지다. 금리를 굳이 내서라도 돈을 빌려주려고 하는 이유는 무엇일까?

먼저 일반 개인을 생각해 보자. 은행 예금이 마이너스가 됐다고 치자. 즉 은행에 예금해 놓으면 금리만큼 점점 빠져나간다. 그럼 예금을 다 찾아서 현금을 그대로 집에서 보유하면 이 마이너스 금리의 부담을 회피할 수 있다. 이른바 장롱 예금이다.

장롱 예금은 도난당할 리스크가 있는 탓에 비용이 전혀 존재하지 않은 것은 아니지만 여하튼 마이너스 금리라면 예금을 그만두는 선택지가 일단은 존재한다.

하지만 고액을 예금하는 사람일수록 사정은 달라진다. 거액의 현금을 수중에 두면 그만큼 위험이 커져서 이를 회피하려면 커다란 금고를 사고 설치할 장소도 확보해야 한다. 현금을 수중에 두는 것은 금액이 커질수록 큰 비용이 따른다.

또한 고액의 돈을 취급하는 기업, 특히 금융기관이나 운용회사 등에서는 사실상 현금을 보유하는 것이 현실적인 선택지가 될 수는 없다. 따라서 마이너스 금리가 부과되더라도 예금을 계속하거나 이를 대신할 운용 수단을 찾아야 한다.

예를 들면 현재 일본에서는 은행이 보유하는 일본은행 당좌예금의 여유 잔고에 -0.1%의 마이너스 금리를 부과하고 있다. 은행은 이를 회피하기 위해서 무담보 콜 익일물 금리가 -0.09%라고 해도 그 금리로 운용하는 편이 조금 낫다. 그래서 무담보 콜 익일물 거래 금리는 -0.1%를 조금 웃도는 -0.0%대 수준이 될 가능성이 크다고 했다.

또한 이 정책 금리가 오래 지속될 것이라는 예상이 널리 퍼지면 그것이 기간물 금리로 파급해서 기간물 금리도 기간이 짧은 것부터 순서대로 마이너스가 된다. 이미 설명한 금융 정책의 파급이다. 이렇게 해서 현금을 보유해 마이너스 금리를 회피하는 선택지가 현실적이지 못할 경우에는 마이너스 금리를 내서라도 돈을 빌려줘야 하는 상황이 생긴다.

하지만 마이너스 금리는 기본적으로 시장 금리에 생긴다. 일반 예금 금리나 대출 금리가 절대로 마이너스가 되지 않는다는 뜻은 아니지만 시장 금리에 비하면 제로의 벽을 넘는 것이 훨씬 어려워진다.

예금이라면 앞에서 언급했듯이 일반 예금자가 마이너스 금리를 회피하기 위해서 잔고를 인출하는 선택지가 있다. 그 이전에 일반 예금자에게 마이너스 금리를 부과하는 것은 좀처럼 이해를 구하기 어려워서 사회적, 정치적인 비판을 받을 것이다. 그러나 예금이 거액일 경우 유럽 등에서 마이너스 금리가 도입된 사례도 있다. 일본에서도 계좌 유지 수수료 등의 명목으로 예금자에게 부담을 부과하는 움직임을 볼 수 있는 등 어떠한 형태로 예금의 보유에 비용이 드는 것은 충분히 생각할수 있다.

예금과 비교하면 대출 금리를 마이너스로 하는 것은 적어도 이용하는 사람의 저항이 적겠지만2 일반 예금 금리를 마이너스로 내리는 일이 어려운 이상 이를 기초 자금으로 하는 은행 대출 금리를 마이너스로 하면 은행의 수익에 큰 타격이 된다. 그런 점에서 절대로 그렇게 되지 않는 보증은 없지만 시장 금리 이외의 금리에는 마이너스 금리가 파급되기 어렵다고 할 수 있다.

---

2 실제로 마이너스 금리로 선행한 덴마크에서는 마이너스 주택 자금 대출 금리가 한때 존재했다.

SECTION 7-3

정책 금리보다 한층 더 낮은 이율의 채권이 거래되는 이유

그런데 여기서 더 큰 문제가 생긴다. 지금까지의 설명은 일본은 행 당좌예금에 -0.1%의 마이너스 금리가 부과되는 것을 기점으로 했다. 따라서 시장 금리의 마이너스 폭이 하한이 될 것이다. 하지 만 실제로는 단기 국채 이율이 그 수준을 밑도는 경우를 자주 볼 수 있다. 그 이유는 도대체 무엇일까?

여기에는 여러 가지 이유를 생각할 수 있는데 첫 번째는 이율이 마이너스인 채권을 매입했다고 해도 이는 어디까지나 그 채권을 만기까지 보유한 경우의 수익률이며 중도 매각했을 때의 소유 기 간당 이율소유 기간 이율은 더 좋아질 수 있다는 뜻이다.

예를 들면 1년 만기의 할인채권을 1,000원당 1,002원으로 매입해서 만기까지 보유하면 확실히 2원의 손실을 본다. 이율은 약 -0.2%다. 그러나 1,002원으로 매입한 것을 1,003원으로 매각하면 소유 기간 이율이 플러스가 된다. 그렇게 유리하게 작용하지 않더 라도 적어도 1,002원 이상으로 매각하면 손실이 생기지 않는다.

이 채권은 만기 시에 1,000원으로만 상환되므로 만기가 될 때까지 모든 소유자의 손익 계산은 확실히 마이너스가 된다. 그래서 이는 일종의 도둑잡기 게임과 같아서 반드시 마지막에는 누군가가 조커를 뽑아야 하는데 조커를 뽑아주는 누군가가 있는 한 다른 투자가의 실제 이율이 더 좋아질 수 있다는 뜻이다. 그리고 일본은행이 채권을 대량으로 매입해 시장에 자금을 공급하는 양적 금융 완화 정책을 펼치는 상태에서는 일본은행이 그 조커를 뽑는 역할을 담당하기를 매우 기대할 수 있다.

물론 조커를 뽑은 일본은행은 마이너스 이율에 따른 손실 부분을 혼자 떠맡는다. 애초에 일본은행은 영리를 목적으로 한 회사가 아니라 재무 상황이 나빠져도 기본적으로는 도산할 우려가 없는 탓에 이런 일이 생긴다. 참고로 이율이 매우 낮은 가격이 매우 비싼 채권을 매입해서 손실을 보지 않도록 한층 더 낮은 이율 한층 더 비싼 가격로 일본은행에 매각해 이익을 확보하는 일련의 거래는 일본은행 트레이드라고 하며 이러한 거래의 존재가 채권 이율의 마이너스화를 뒷받침한다.

그런 도둑잡기 게임 같은 일까지 해서 은행이 채권을 매입하는 이유는 기본적으로 남아도는 돈을 운용하는 수단을 좀처럼 찾지 못하기 때문이다. 은행은 남은 돈을 일본은행에 맡긴 상태로 두면 -0.1%의 마이너스 금리를 부과당한다. 그래서 만기까지의 이율이 -0.1% 이하의 채권이라 해도 일본은행 트레이드로 소유 기간당 이율이 -0.1%를 조금이라도 웃돌 가능성이 크다면 이 채권을 구입하는 편이 낫다.

정책 금리를 밑도는 마이너스 금리가 존재하는 두 번째 이유로 현대의 금융시장에서는 다양한 거래에서 담보로서의 채권을 필요로 할 때가 많다는 점이 있다. CHAPTER 3에서 설명한 레포 repurchaser agreement, 환매 조건부 채권매매 거래에서는 채권을 담보로 제공하면 자금을 값싸게 조달할 수 있었다. 이 레포 거래를 하려면 채권이 필요하다. 게다가 파생상품 거래에서도 담보를 조건으로 거래하는 것이 시장의 표준이다.

파생상품은 이미 설명한 대로 금리 스와프를 중심으로 거대한 시장을 형성해서 파생상품의 거래와 함께 날마다 거액의 담보 거래가 이루어진다. 그 담보에도 채권이 쓰일 때가 많아서 파생상품 거래를 활발하게 하는 금융기관이나 투자가는 담보 제공용 채권을 보유하는 요구가 있다.

그러한 담보를 목적으로 한 채권은 이율이 조금 마이너스라고 해도 다양한 금융 거래를 원활하게 진행하기 위한 이른바 필요 경비적인 것으로 감수되는 경우가 있다.

그런데 채권 이율이 때때로 마이너스가 되어 경우에 따라서는 일본은행이 마이너스 금리 정책으로 부과한 -0.1%보다 더 낮아지는 결정적인 요인은 지금 말한 파생상품 거래와 관련이 있다.

파생상품에는 이미 언급한 금리 스와프와 매우 비슷한 거래로서 통화 스와프라는 것이 있다. 금리 스와프가 같은 통화로 다른 금리를 교환하는 것이었는데 통화 스와프는 다른 통화에 걸쳐서 캐시 플로를 교환하는 거래다. 구체적으로는 도표 7-1과 같다.

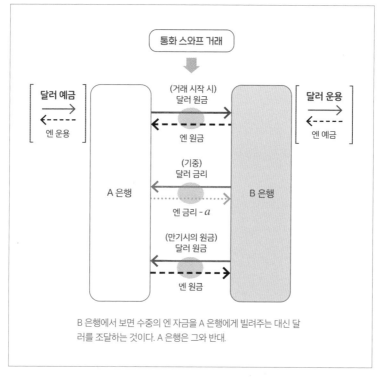

B 은행에서 보면 수중의 엔 자금을 A 은행에게 빌려주는 대신 달러를 조달하는 것이다. A 은행은 그와 반대.

도표 7-1 통화 스와프 거래

이 거래에서는 거래를 시작할 때 해외의 은행인 A 은행이 일본의 B 은행에 달러 원금을 넘기고 반대로 B 은행이 A 은행에 엔화를 넘긴다. 이어서 A 은행은 처음에 받은 엔 원금에 대한 금리를 B 은행에게 정기적으로 지급하고 반대로 B 은행은 처음에 받은 달러 원금에 대한 금리를 A 은행에 정기적으로 지급한다. 거래 만기 시에는 마지막 금리와 함께 처음에 받은 원금을 각각 상대방에게 갚는다.

이 거래는 A 은행이 예금으로 모은 달러 자금을 B 은행에 빌려주고 그와 동시에 B 은행이 예금으로 모은 엔 자금을 A 은행에 빌려주는 것과 같다. 다시 말해 양쪽이 각각 다른 통화로 돈을 서로 빌려주는 형태가 된다.

왜 이런 거래를 할까? B 은행이 엔 자금 운용처를 찾는데 고생하다 운용처가 풍부한 달러 자금으로 운용하고 싶다고 하는 경우 그 요구에 따르기 위함이다. 이 거래를 하면 운용 난으로 남아도는 엔 자금을 A 은행에 빌려주는 대신 달러 자금을 빌릴 수 있기 때문에 그 달러를 운용에 사용할 수 있다.

실제로 이러한 거래는 매우 많이 이뤄지고 있다. 엔은 특히 돈이 넘쳐나는 정도가 심한 통화다. 예금 등으로 금융기관에는 엔 자금이 점점 유입되는데 운용처가 별로 없다. 한편 달러 등에서는 그보다 훨씬 더 많은 운용 대상이 있을 것이기에 이러한 거래로 남아도는 엔 자금을 달러 등의 외화로 바꿔서 운용하는 요구가 매우 크다.

그 결과 무슨 일이 일어날까? B 은행의 거래 조건이 점점 나빠진다. 달러를 보유하는 A 은행의 입장에서 보면 운용처를 찾기 어려운 엔 자금은 원하지 않기 때문에 어지간히 좋은 조건이 아니면 거래에 응하지 않는다. 그래서 도표의 -a만큼 값이 싼 금리로 조달할 수 있다. 이 -a는 통화 베이시스 스프레드라고 하며 그 수준은 상황에 따라 크게 달라지지만 크기가 상당히 커지는 일이 꽤 많다. 원래 엔 금리는 수준이 매우 낮은 탓에 거기에서 a를 빼 완성된 엔 차입 금리는 크게 마이너스가 될 때가 많다.

여기에서는 그 완성된 엔 차입 비용을 -0.5%라고 하자. A 은행은 원래 엔 자금을 운용하고 싶어서 이런 거래에 응하는 것은 아니다. 그래서 약간의 운용 리스크를 부담하고 싶지는 않다. 그래서 가장 리스크가 낮아 보이는 국채를 매입하는 것이다.

그 이율이 -0.2%라고 하자. 마이너스 금리의 세계이므로 이야기가 조금 까다로워지는데 차입 비용의 -0.5%는 돈을 빌려서 이익이 생기는 것을 의미한다. 한편 운용 이율의 마이너스는 손실이다. 0.5%의 이익과 0.2%의 손실을 합산하면 0.3%의 이익이 남는다. 즉 A 은행은 -0.2%의 이율인 국채를 매입해도 거래 전체로 보면 충분한 이익을 얻을 수 있다.

여기서 A 은행이 일부러 -0.2%의 국채를 매입하지 않아도 된다고 생각하는 사람이 있을 것이다. 하지만 앞에서 설명한 이야기와 마찬가지로 빌린 돈은 어딘가에 보관하거나 뭔가로 운용해야 한다.

어딘가의 은행에 맡겨두는 것은 어떨까? 그 경우 상대방의 은행은 운용 난 속에서 A 은행으로부터 거액의 엔 자금을 맡기 꺼릴 것이다. 원래 A 은행은 예금처 은행의 신용 리스크를 부담하므로 심사 체제와 다양한 절차를 정비해야 한다. 그러면 마이너스 이율이라 해도 국채를 매입해 놓아야 결과적으로 싸게 먹힌다.

이것이 일본은행에 당좌예금을 개설하는 은행이라면 일본은행에 -0.1%로 맡겨놓은 채로 둬도 상관없다. 하지만 그렇지 않을 경우에는 조금 큰 마이너스 이율의 채권이라 해도 거래 전체로 이익을 확보할 수 있으면 구입하자는 뜻이다. 이러한 거래의 존재가 -0.1%를 밑도는 국채 이율을 뒷받침하는 커다란 요인이 된다.

상식을 벗어난 저금리 정책은 어떤 결과를 가져왔는가?

비전통적 금융 정책의 효과란?

제로 금리 정책, 양적 금융 완화 정책, 마이너스 금리 정책, 그리고 일드 커브 컨트롤. 연이어 내놓은 이러한 비전통적 금융 정책은 결국 어느 정도의 효과가 있었을까?

이미 말했듯이 이 점에 관해서는 다양한 논의가 있으며 앞으로 연구가 진행될 부분도 있다. 하지만 적극적인 금융 완화를 시행하면 마땅한 물가 상승을 실현할 수 있을 것이라는 처음의 계획은 반드시 기대한 대로 되지는 않았다. 2022년 현재 일본 경제는 약 40년 만에 물가 상승이 닥쳤는데 이는 오랜 세월에 걸쳐 시행한 금융 완화 정책의 효과로 일본 경제의 기초 체온이 올라가서 나타났다고 평가할 수 있는 것은 아니다. 어디까지나 해외의 물가 상승 압력과 급격한 엔저 등 예상하지 못한 외생적 요인 때문에 나타났다.

그럼 이러한 정책에 효과가 전혀 없었을까? 그렇다고 단언할 수 없다. 이를테면 일본의 주가는 최근 10년 동안 크게 상승했다. 그 배경에는 당연히 기업 이익의 증가가 있는데 금융 완화가 버팀목 역할을 한 것도 분명하다.

금리와 주가의 관계는 앞장에서 살펴봤는데 여기에서는 추가로 두 가지를 예로 들겠다. 첫 번째는 인위적으로 만들어낸 금융시장의 넘쳐나는 돈 때문에 은행이 그 운용처를 찾는 데 고생한다는 면이 있지만 자금 부족에 빠질 우려는 크게 사라진 것을 들 수 있다.

예상하지 못한 경제 쇼크가 닥쳤을 때 은행이 자금 부족에 빠지면 금융시장에 혼란이 확대되어 금융 시스템 전체가 위기에 노출된다. 주식 시장의 폭락은 특히 그럴 때 잘 일어난다. 그러나 금융시장에 돈이 넘쳐나면 예상하지 못한 쇼크가 금융 시스템 전체의 위기로 이어질 가능성이 작아진다. 따라서 주식 시장도 큰 혼란에 빠질 위험이 그만큼 줄어든다. 그런 점이 주식 시세가 떨어지지 않게 뒷받침하는 효과가 있다고 생각할 수 있다.

이러한 금융시장에서의 넘쳐나는 돈은 대부분이 금융시장 안에서 움직이거나 국채 구입에 쓰인다. 아무리 금융시장 안에서 돈이 늘어나도 실제 경제에서 순환하지 않으면 경제에 자극을 줄 수 없다. 그것이 비전통적 금융 정책이 명시적인 경제 효과를 만들지 않

는 것처럼 보이는 커다란 원인이라고 생각할 수 있다. 전체적으로
는 그렇다고 해도 넘쳐나는 돈의 일부가 다양한 곳으로 흘러가는
일은 있을 것이다.

주식 시장에도 그러한 돈의 일부가 흘러들어서 시세를 뒷받침
한 것은 충분히 생각할 수 있다. 이것이 비전통적 금융 정책이 주
가 상승에 영향을 줬다고 생각할 수 있는 점 두 번째다.

아무튼 주가가 크게 상승하면 그로 인해 이익을 얻은 투자가가
소비, 특히 고액의 소비를 늘리는 효과를 기대할 수 있다. 이는 자
산 효과라고 한다. 또한 자사의 주가가 오르면 기업의 재무에 직접
영향을 주는 것은 아니지만 새롭게 저비용으로 자금을 조달하기
쉬워지며 경영자의 마인드도 개선될 것이다. 따라서 적극적인 사
업 전개를 기대할 수 있다.

이러한 점에서 주가 상승은 경제 전체에 긍정적인 영향을 줄 것
이다. 이런 점은 금융 정책이 원래 의도한 것과는 조금 다를지 모
르지만 비전통적 금융 정책 효과로 받아들일 수 있다.

한편 비전통적 금융 정책에는 폐해나 부작용의 존재도 나타난
다. 이 점에 관해서는 다음 항목에서 지적하겠다.

비전통적 금융 정책은 버블이나 저성장을 부른다?

첫 번째는 이 정책들이 버블을 발생시킬 우려가 있다는 점이다.

실제로는 비전통적 금융 정책의 선구자인 일본에서 버블 현상이 광범위로 나타난 것은 아니지만 미국 등에서는 분명히 버블이라고 할 수 있는 현상을 여러 가지로 볼 수 있다.

2021년 말 시점에서 미국의 주식 시장은 여러 지표에서 역사적으로 볼 때 매우 비싸다고 하는 수준까지 상승했다. 이는 호조를 보이는 기업 수익이라는 실태를 반영하는 부분도 있다. 한편 업적이 나쁜 특정 주식이 SNS 등에서 언급되어 갑자기 주가가 몇 배나 뛰어오르는 현상도 종종 일어나고 있다. 이러한 주식은 '밈 주식'이라고 하는데 거기에 군집하는 투자가는 비교적 경험이 적은 개인 투자가가 많고 코로나 지원금 등이 그 투자의 기초 자금이 된 경우도 많다고 한다. 그야말로 넘치는 돈이 만들어낸 버블 현상이라고 할 수 있다. 또한 앞에서도 말했지만 가상 통화^{암호 자산} 유행도 마찬가지로 버블 현상이라고 해도 좋다.

앞장에서도 살펴본 대로 원래 저금리에는 리스크 자산의 가격 상승을 촉진하는 효과가 있다. 그리고 리스크 자산의 가격 상승에는 앞에서 설명했듯이 경제에 자극을 주는 효과가 있다. 그것이 지나치면 온갖 폐해를 불러서 지속할 수 없는 상태가 된다.

비전통적 금융 정책의 두 번째 폐해는 넘치는 돈과 저금리가 오히려 저성장을 초래할 우려가 있다는 점이다.

저금리는 원래 경제 활동에 자극을 주는데 항상적 저금리는 그러한 저금리 상황에서만 살아남을 수 있는 기업^{이른바 좀비 기업}을 존속시켜서 경제 전체의 생산성, 효율성을 저해하는 효과도 있다고 생각할 수 있다.

기업은 운전 자금이든 설비 투자 자금이든 그 금리 부담을 웃도는 이익률을 올려야 그 사업을 유지할 수 있다. 즉 금리는 기업이 극복해야 하는 수익률의 장벽 중에서도 가장 기본적인 것 중 하나다. 저금리는 그 장벽을 낮추는 것이나 다름없다.

물론 아무리 뛰어난 기술과 아이디어가 있는 기업이라도 운 나쁘게 업적이 나빠질 때가 있을 것이다. 그래서 저금리는 그런 어려움에서 기업을 구하는 역할을 한다. 한편 그것이 일상적이 되면 금리가 낮아야 유지할 수 있는 수익률이 낮은 사업이 도태되지 않고 남아서 대사 작용이 잘 일어나지 않아 경제의 활력이 사라진다. 말하자면 저금리가 지속되어 경제가 그 상태에 익숙해지는 것이다.

또한 저금리는 앞에서 말한 대로 재정 지출을 확대시키는 효과가 있는데 재정 지출의 확대도 경제의 생산성을 낮추는 경우가 많다고 한다. 재정 지출에도 여러 가지가 있어서 생산성을 높이도록 사용할 수도 있을 텐데 정책은 대부분이 그런 관점에서 책정되지 않는다. 특히 경제를 뒷받침하기 위해서 재정 출동 규모의 확보를 최우선으로 생각할 경우에는 생산성의 향상을 오히려 저해하는 정책이 많이 포함될 가능성이 늘어난다.

물론 재정 지출에는 공공 정책의 역할이 있다. 이를테면 소득을 재분배해서 격차의 확대를 막는 것은 매우 중요한 정책 과제인데 생산성의 향상과 공존하지 않더라도 그러한 정책은 어느 정도 필요하다. 그러나 저금리로 그러한 정책이 늘어나 너무 많아지면 경제 전체의 성장력을 약화시킬 위험성이 높아진다.

위와 같이 저성장을 타개하기 위해서 적극적인 금융 정책을 채용했는데 그것이 일상화되면 오히려 저성장을 부르고 그로써 금융 완화를 언제까지고 계속해야 하는 악순환에 빠질 위험이 있다. 이는 특히 지금의 일본에 적용되는 사항이 많을 수 있다.

출구 문제와 시장 기능의 상실

비전통적 금융 정책에서 우려되는 폐해 세 번째는 출구 문제다.

원래 매우 평범한 금융 완화 정책이라도 그 정책을 끝내고 금융 긴축 정책으로 전환할 때는 그때까지 윤택하게 유통되던 돈의 흐름이 달라져서 금융시장에 온갖 스트레스가 생긴다. 금융 완화 정책의 끝이라고도 할 수 있는 비전통적 금융 정책을 끝마칠 때 더 큰 혼란이 일어나는 것은 충분히 예상할 수 있다. 그 정책이 오랫동안 지속되어 왔다면 특히 그 위험은 커질 것이다.

예를 들면 양적 금융 완화 정책에서는 중앙은행이 채권 등의 거대한 매입자가 되기 때문에 정책 종료는 그 매입자가 사라지는 것을 의미한다. 또한 중앙은행이 수중의 채권 등을 시중 은행에 매각하는 양적 금융 긴축 정책이 발동되면 중앙은행이 이번에는 거대한 매각자로 변신한다.

이러한 거대 매입자의 소멸과 매각자로의 변신은 단순히 채권 가격의 하락금리 상승을 부를 뿐만 아니라 애초에 매입자가 부족해서 거래가 충분히 이뤄지지 않게 된다. 따라서 시세가 사소한 일로 심하게 오르내릴 위험성을 초래한다. 매각자와 매입자도 충분해서 거래가 원활하게 이루어지는 성질을 시장 유동성이라고 한다. 양적 금융 완화 정책으로 전환할 때는 이 시장 유동성이 사라질 수 있다.

그러면 사소한 일로 가격이 크게 변화하거나 애초에 생각대로 거래하지 못해서 투자가에게 생각지 못한 손실을 강요하거나 애초에 리스크를 발빠르게 헤지회피하는 것을 어렵게 만든다.

또한 경제 자체가 매우 완화적인 금융 환경에 지나치게 익숙해지면 금융 긴축을 견디지 못하게 되는 분야와 기업이 생기는 일도 생각할 수 있다. 물론 좀비 기업이 혹독한 상황에 직면하는 것도 그중 하나다.

그런 가운데 국가와 중앙은행의 신용력을 특히 주의해야 한다. 예를 들면 일본은행이 일본 국채를 보유하는 금액은 2022년 12월 말 시점으로 564조 엔에 달해서 국채 발행 잔고에 차지하는 비율이 무려 50%를 크게 초과한다. 대충 말하자면 나라가 재정 적자를 메우기 위해 발행하는 국채를 돈을 직접 찍을 수 있는 일본은행이 부지런히 매입하는 것이다.

재정 적자를 메우기 위해서 중앙은행이 국채를 직접 인수하는 것을 재정 파이낸스라고 한다. 인플레이션을 일으킬 위험성이 있다고 해서 원칙적으로 법률로 금지되어 있다. 일본은행은 국채를 정부에서 직접 사들이는 것이 아니라 금융 정책의 일환으로 시장에서 국채를 구입할 뿐이므로 재정 파이낸스가 아니라고 한다. 하지만 실질적으로는 그다지 변함없어서 적어도 건전한 모습이라고 말하기는 어렵다.

그래도 인플레이션이 일어나지 않고 지금의 초금융 완화 정책을 유지할 수 있는 동안은 문제가 표면으로 드러나지 않는다. 금리가 상승하지만 않으면 사들인 채권에 손실이 발행하는 일도 없기 때문에 돈을 계속 찍어서 일본은행이 사면 될 뿐이다. 그러나 정말로 일본 경제에 인플레이션 압력이 높아지면 어떻게 될까?

인플레이션을 억제하려면 금융을 긴축해서 금리 상승을 촉진해야 한다. 하지만 금리가 상승하면 일본은행이 보유하는 방대한 금액의 국채 가격이 떨어져서 매입했을 때의 가격을 크게 밑돌아 거액의 평가 손실을 만들어낸다. 그러면 일본은행은 순자산이 5조 엔 정도뿐이므로 쉽게 실질 채무 초과에 빠질 것이다.

무엇보다도 그것이 어떤 문제를 일으킬지 확실히 정리해서 생각해야 한다.

여기서 채권 가격과 이율의 관계를 생각해 보자. 일반적인 이율 _{최종 이율}은 만기까지 보유한 경우의 수익률을 말했다. 하지만 도중에 매각하면 그때의 매각 가격으로 엄청난 매각 손실이 발생하여 소유 기간 이율은 크게 악화할 수 있다. 평가 손실이라는 것은 그런 경우 지금 시장 가격으로 매각하면 어느 정도의 매각 손실이 나오는지 보여주는 숫자다.

반대로 말하자면 만기까지 그 채권을 보유하면 이 평가 손실이 현실적이 되는 일은 없다. 물론 최종 이율이 마이너스 채권을 매입해서 만기까지 보유하면 평가손을 운운하는 것과 상관없이 그만큼 손실이 되지만 현재 일본은행이 보유하는 모든 채권의 평균 이율이 조금 플러스로 되어 있다.

엄밀히 말해 그렇다고 해서 도중에 매각하지 않는다면 평가손에는 의미가 없다는 뜻은 아니다. 이는 '예전에 낮은 이율일 때 매입한 채권이 이율이 높아진 지금 새로 채권을 매입할 경우와 비교해서 운용에 얼마나 불리해졌는가'를 나타내는 것이라고 생각할 수 있다. 순수한 운용이라는 관점에서 보면 원래 얻어야 하는 것을 얻지 못한다는 점에서 역시 손실이 분명하다. 하지만 일본은행은 영리 기업이 아니므로 아무리 비효율적으로 운용해도 결과적으로 적자만 아니면 된다. 따라서 평가손이 실현되지 않는 한 딱히 큰 문제가 되지 않는다.

그럼 어떤 경우 현실의 손실이 생길까? 금리 상승과 함께 일본은행의 자금 조달 비용이 올라가서 보유하는 채권의 이율을 웃도는 경우다. 이른바 백 스프레드다.

CHAPTER 5에서 살펴봤듯이 일본은행의 자금 조달은 주로 일본은행권지폐의 발행과 일본은행 당좌예금을 토대로 한다. 아무리 고금리 시대가 와도 일본은행권에는 금리를 붙일 필요가 없다. 한편 일본은행 당좌예금의 부리 금리를 인상하면 일본은행의 자금 조달 비용은 그만큼 올라간다. 그럼 일본은행 당좌예금의 금리를 인상하면 된다는 것인데 금융 긴축을 시행할 때는 그럴 수도 없다.

2022년 말 현재 일본은행 당좌예금은 무려 500조 엔 정도나 된다. 이렇게 중앙은행 예금 잔고가 많이 늘어났을 때 그 부리 금리는 이미 설명했듯이 단기 시장 금리의 하한이 된다. 넘쳐나는 돈을 중앙은행에 맡긴 채로 두면 언제든지 이 금리를 받을 수 있어서 이를 밑도는 금리로 시장에서 돈을 운용하는 의미가 사라지기 때문이다.

그러므로 시장 금리를 인상하려면 중앙은행 예금의 잔고를 필요 최소한의 수준까지 떨어뜨리거나 그렇지 않으면 부리 금리를 인상할 수밖에 없다. 현재 거액의 잔고를 급격하게 떨어뜨리는 일은 현실적이지 않으므로 그러면 금리 인상일 때 중앙은행 예금에 대한 부리 금리를 인상해야 한다. 그렇게 하지 않으면 목표한 대로 시장 금리가 상승하지 않는다.

일본은행의 국채 보유액과 일본은행 당좌예금의 잔고는 대충 거의 적정한 수준에 있다. 일본은행 당좌예금의 평균 부리 금리가 보유하는 국채의 평균 이율을 웃돌면 백 스프레드가 발생한다.

전에도 말했지만 통화 발행권을 가진 중앙은행이 도산하는 경우는 기본적으로 없다. 그러나 적자가 계속 늘어나면 금융 정책이 자전거 조업적으로 시행되어 지속성이 없다는 평가가 시장에서 퍼져나가 금융 정책에 대한 신용이 사라져서 통화 가치가 폭락할 위험성이 높아질 것이다.

그러나 그보다 금리가 올라갔을 때 지금의 재정 정책을 계속할 수 있느냐가 본질적인 문제다. 금리가 높아지면 재정 적자를 유지하는 데 그만큼 비용이 들게 된다.

금리가 오르기 시작해도 낮은 금리일 때 발행한 국채가 남기 때문에 전체적으로 국채의 이자 지급 부담이 크게 늘어날 때까지 상당한 시간이 걸린다. 그렇기는 해도 금리가 크게 상승하면 시장에서는 장래의 재정 상황 악화를 의식하게 된다. 그러면 그것이 원인이 되어 쓸데없이 국채가 매각되고 그 일이 다시 국채에 대한 불신감을 조성하는 식으로 악순환이 발생해서 장기 금리의 상승이 멈추지 않을 우려도 있다.

이처럼 비전통적인 금융 정책에서 벗어나야만 할 때 온갖 장애물이 기다리는 것이 출구 문제다.

비전통적 금융 완화 정책의 마지막으로 들 폐해는 시장 기능의 상실이다.

CHAPTER 5에서 살펴봤듯이 금융시장은 경제 상황이나 금융, 재정 정책에 대한 평가를 포함해서 다양한 정보를 발신한다. 그러나 시장이 그런 역할을 할 수 있는 것은 시장이 기능하는 한의 경우다. 또 시장이 충분히 기능하려면 다양한 정보와 요구를 갖춘 여러 투자가가 활발하게 거래해야 한다.

양적 금융 완화 정책은 중앙은행이 거대한 거래 참가자가 되어 시장을 지배하므로 시장의 다양성과 거래의 자유도가 크게 제약받는다. 특히 일본은행이 채용하는 일드 커브 컨트롤 정책에서는 원래 시장에 맡겨야 하는 장기 금리의 수준이 일본은행 때문에 인위적으로 정해진다. 따라서 이미 '장래 예상으로서의 장기 금리'도 아니며 '경제의 체온계'도 될 수 없다.

시장 기능이 사라지는 것이 무슨 문제일까? 첫 번째는 앞에서도 잠깐 언급했는데 시장 유동성매매 편의성이 사라지고 금융 정책이 변경될 때 시세가 심하게 변동할 가능성이 있다. 두 번째는 일드 커브가 갖고 있는 경고 기능이 사라지는 것이다.

시장은 금융 정책의 타당성이나 재정의 지속성에 관하여 평가하며 이를 근거로 해서 경고하는 기능을 갖춘다. 이른바 채권 자경단이다. 그러나 비전통적 금융 완화 정책이 펼쳐지는 상황에서는 이 경고 기능이 작동하지 않으므로 재정 악화를 막지 못하거나 부적절한 금융 정책이 언제까지고 계속될 위험성이 높다.

아무튼 전대미문의 저금리 시대가 무엇을 초래하는지 사실은 그 상황에서 빠져나올 때 비로소 알 수 있을 것이다.

예전에 일어난
금리 변동 이벤트 사례

지금부터 커다란 금리 변동 이벤트의 대표적인 사례들을 소개하겠다. 이 사례들은 금리 변동을 논할 때 지금도 종종 언급되는 사례다.

미국 : 1994년 채권 대학살

미국은 1990년에 비교적 짧은 경기 후퇴recession를 겪은 후 느긋한 회복기를 맞았다. 지금 돌이켜보면 당시 이미 잠재 성장력 저하와 디스인플레이션의 징주가 나타나기 시작했다. 그래도 1993년 말부터 1994년까지 인플레이션 압력이 서서히 높아졌다.

FRB는 그런 정세를 파악해 1994년 2월부터 약 1년 동안 정책 금리페더럴 펀드 금리의 유도 목표를 3%에서 6%까지 인상했다. 장기 금리를 정하는 채권 시장은 금융 정책의 앞을 내다보기 때문에 실제로 금리 인상이 시작되기 조금 전부터 오르기 시작했다. 1993년 10월부터 1994년 11월까지 10년물 국채 이율로 5.2%에서 8%까지 폭으로 볼 때 2.8% 정도 상승했다(도표 7-2 참고).

도표 7-2 미국 국채 ~1994 대학살과 그 후(2022년 말까지)

이율이 상승하면 채권 가격이 얼마나 떨어지는지 CHAPTER 4에서 설명한 대로 잔존 연수, 좀 더 정확하게 말하자면 듀레이션에 비례한다. 듀레이션은 이율의 수준별로 계산해야 정확한 값을 알 수 있다. 여기에서는 적당하게 10년채의 듀레이션을 7.2년으로 하면 이율 상승 폭과 듀레이션을 곱한 것이 가격의 하락률이 된다.

따라서 2.8%×7.2로 계산하면 약 20%의 가격 하락이 발생한다.

당시 미국 국채의 잔고는 약 4.5조 달러다. 물론 전부 10년채가 아니라 잔존 기간이 더 짧거나 긴 것도 있는데 어디까지나 대략적인 느낌을 파악하기 위해서 4.52조 달러에 이 20%의 가격 하락률을 곱하면 약 1조 달러의 손실이 투자가에게 생겼다고 추측할 수 있다.

실제로 이 시기에는 수많은 채권 펀드와 헤지 펀드가 큰 손실을 봐서 금융시장 전반에 큰 혼란이 발생했다. 이때의 혼란한 모습, 투자가의 운용 포트폴리오가 손상된 상태는 '채권 시장의 대학살'이라고 할 정도의 영향력을 가졌다.

그런데 이와 비슷한 금리 변동은 결코 보기 드물다고 할 수 없다. 예를 들면 1998년부터 2000년에 걸쳐서 조금 시간이 들기는 했지만 비슷한 정도의 금리 변동이 일어났다. 이때도 다양한 시장의 쇼크가 일어나서 결국에는 IT 버블 붕괴의 요인이 되었다. 이 사례들에서도 알 수 있듯이 채권 시장은 주식 시장만큼 큰 가격 변동이 자주 일어나는 것은 아니지만 큰 변동이 한 번 일어나면 시장 규모가 거대하기 때문에 큰 쇼크를 일으킨다.

2022년 미국은 이 1994년 당시보다 더 하이 페이스로 금리 인상을 진행했다. 2022년 3월부터 연말까지 무려 4.25%의 금리 인상이다. 또한 2023년에 걸쳐서 아직 금리 인상이 지속될 가능성이 크다. 10년물 국채 이율은 코로나 쇼크가 발생했을 때인 2020년 3월에 매긴 사상 최저 수준에서 비교하면 2022년 말 시점에서 최대 3.7% 이상이나 상승했다.

게다가 미국 국채의 발행 잔고는 23.7조 달러까지 늘어나는 바람에 이율 상승으로 투자가가 입는 손실액이 대학살로 불린 1994년 당시와 비교가 안 될 정도다. 2022년 미국의 금리 상승이 금리의 역사 속에서도 얼마나 영향력이 큰 사건이었는지 알 수 있을 것이다.

일본 : 1995년 자금 운용부 쇼크와 2003년 VaR 쇼크

일본의 장기 금리 역사에도 지금 언급할 여러 가지 커다란 사건이 있다. 그중 두 가지를 여기에서 소개하겠다.

1998년 일본은 금융 위기가 닥쳐서 장기 금리의 세계 최저 기록인 17세기 제노바공화국채의 1.125%를 갱신하며 10월에는 0.77%까지 기록을 늘렸다. 한편 거듭되는 재정 출동으로 재정 적자가 급속히 불어나서 국채는 대폭으로 증발한다. 국채의 증발은 시장에 대한 공급이 늘어나는 것을 의미하므로 가격에는 저하 압력, 이율에는 상승 압력이다. 또 같은 시기에 미국의 신용평가회사 무디스가 재정 지속성에 의문을 제기해 일본 국채의 신용평가등급을 낮추는 사태도 발생했다.

그런 가운데 당시 대장성현재의 재무성 자금운용부가 국채의 매입 중단을 발표했다. 자금운용부란 당시 우편저금이나 연금적립금 등의 일부를 맡아서 국채 등을 매입한 대장성 관할 조직을 말한다.

당시 몇백조 엔이라는 거액의 자금을 움직였는데 이 거대한 매입자가 사라져서 안 그래도 수급이 느슨해진 국채 시장이 단번에 폭락한다. 이것이 '자금운용부 쇼크'다.

10년물 국채 이율은 이듬해 1999년 2월에는 2.4%를 초과하며 상승했고 매우 짧은 기간의 상승 폭이 1.6% 이상에 달했다. 10년물 국채의 듀레이션을 적당히 9.3년[3]이라고 해서 곱하면 40여 조 엔의 손실이 발생했다고 추측할 수 있다. 역시 미국의 '대학살'보다는 규모가 작지만 고작 2~3개월 사이에 일어난 일이라서 파급 효과가 매우 컸다.

당시에는 경기가 안 좋은 시기이기도 해서 금리 상승이 지속되면 경기에 미치는 영향도 심각해지는 상황이었다. 하지만 일본은행이 1999년 2월 제로 금리 정책을 도입해서 장기 금리의 상승도 멈추고 혼란이 비교적 짧은 기간에 해결됐다.

그 후 1%대에서의 추이를 이어간 10년물 국채 이율은 2002년 후반부터 다시 내려가기 시작해서 이듬해 2003년 6월에는 0.43%로 최저 기록을 대폭으로 갱신했다. 당시 경기는 침체했고 또 1990년대의 버블 붕괴로 심각해진 금융기관의 불량 채권 문제가 계속 맴돌았다.

그러나 그 전월에는 다이와은행과 아사히은행이 합병해서 생

---

3 듀레이션은 잔존 기간이 같더라도 쿠폰 금리나 이율의 수준 등에 따라 가치가 달라진다. 이 사례에서 일본 국채의 이율은 1994년 당시 미국 국채의 이율보다 꽤 낮은데 그러면 듀레이션이 길어진다.

긴 리소나은행에 대한 공적 자금 투입이 정해져서 적어도 대형 은행의 불량 채권 문제는 일단 정리되었다는 견해가 퍼져나간다. 또한 경기 상태에 대한 인상도 이 무렵을 경계로 좋아졌다. 그러면 0.43%의 이율이 아무리 봐도 너무 내려간 느낌이 든다.

지나친 시세에는 반드시 반동이 생기는데 수많은 시장 참여자가 같은 방향의 거래를 쌓아 올리자 그 반동은 더 커진다. 이때는 대부분의 은행이 여분의 자금을 채권으로 운용하고 이를 일제히 되돌렸기 때문에 채권 가격이 급락했다. 2003년 9월까지 이율은 1.6%를 초과했고 상승 폭은 약 1.2%가 되었다. 이를 'VaR 쇼크'라고 한다.

VaR이란 밸류 앳 리스크Value at Risk의 줄임말로 금융기관에서 사용하는 리스크의 측정 기법을 말한다. 자신의 은행에서 보유하는 채권 등의 보유량에 추정되는 가격 변동 폭을 곱해서 최악의 경우 얼마나 손실이 발생하는지 계산한다. 이 추정 손실액이 VaR이며 이를 일정 한도 내로 억제해서 시세가 나쁜 방향으로 움직였을 때라도 경영에 큰 타격을 주는 손실의 발생을 회피하려고 한다.

그러나 시장이 크게 변동하기 시작하자 추정되는 가격 변동 폭도 커져서 추정 손실액인 VaR도 늘어난다. 그래서 VaR을 억제하려면 보유하는 채권을 매각하는 수밖에 없다. 이러한 일련의 흐름은 어떤 의미에서 리스크 관리의 정석이며 각 금융기관이 해야 할 행동으로서는 명확하다.

하지만 수많은 금융기관이 똑같이 대량으로 채권을 보유해서 VaR을 통한 리스크 관리를 도입할 때 이유가 무엇이든 간에 가격이 크게 하락하면 모두 일제히 리스크를 없애기 위해서 보유하는 채권을 매각하려고 한다. 그래서 시장은 매각자로 넘쳐나 가격이 더 많이 떨어진다. 그것이 다시 추정 손실의 계산 값을 올려서 다시 일제히 매각을 유발하는 식으로 시세를 매우 크게 변동하게 만든다.

VaR이라고 하는 전문적이고 당시에는 새로웠던 개념이 이 사례의 명칭으로 쓰이는데 시장 참가자의 리스크를 없애는 행위가 일제히 이뤄져서 시세가 단번에 크게 내려가는 것은 예부터 존재하는 폭락의 기본 패턴이다. 결국 VaR이라는 개별 금융 기관에게는 최적으로 보이는 고도의 리스크 관리 방법을 도입한들 시장의 폭락을 막기는커녕 그것이 폭락을 유발하는 요인만 될 수 있다는 뜻이다.

VaR 쇼크는 금리의 상승폭으로 볼 때 지금까지 설명한 이벤트와 비교하면 그다지 큰 변동은 아니다. 하지만 시장에 미치는 영향은 시장 규모라는 점에서도 달라진다. 이 시기의 일본 국채 잔고는 450조 엔에 달할 정도로 증가하는 모습을 보여줬다. 그걸로 계산하면 시장 참가자가 입은 손실액은 역시 40여 조 엔에 달할 수 있다(도표 7-3).

(%)

| 일본의 10년물 국채 이율 추이 |

운용부 쇼크

VaR 쇼크

데이터 : 일본 재무성

도표 7-3 운용부 쇼크, VaR 쇼크와 그 후(2022년 말까지)

현재 일본 국채의 발행 잔고는 당시보다 두 배 이상 늘어나서 1,000조 엔 규모가 달한다. 일드 커브 컨트롤을 통해 낮은 수준으로 억제해온 일본의 장기 금리가 오르기 시작할 때 그 영향은 훨씬 더 커질 수 있다.

2022년의 금리 대변동과 그 배경

2022년에 들어서면서 미국이나 유럽에서 금리가 크게 상승했다. 마지막으로 그러한 배경에 관하여 간단히 정리하겠다.

도표 7-4는 미일 양국의 소비자 물가 지수[4] 전년 대비 증가율의 추이다. 이른바 물가 상승률이다. 미국을 보면 뚜렷한데 최근 1980년대 초반 이후가 되는 수준까지 급상승했음을 알 수 있다. 일본은 그래프에서는 그다지 확실하지 않지만 1989, 1997, 2014,

---

[4] 인플레이션 지표에는 여러 가지가 있다. 같은 소비자 물가 지수라도 일본은행은 생선 식품을 제외한 지수를 대상으로 하며 FRB는 식품, 에너지를 제외한 코어 지수를 중시한다고 한다. 여기에서는 물가 전반의 상황을 보여주기 위해서 모든 것을 대상으로 한 종합지수를 표시했다.

2019년에 각각 소비세 도입과 세율 인상이 있었던 영향을 제외하면 역시 약 40년 만의 상승률이다. 한국도 소비자물가지수가 5.1% 상승하며 IMF 이후 최고 수준을 기록했다.

　그럼 여기에 와서 왜 갑자기 물가 상승률이 이렇게까지 높아져서 인플레이션 위협이 다시 나타났을까?

　거기에는 여러 가지 이유가 있다.

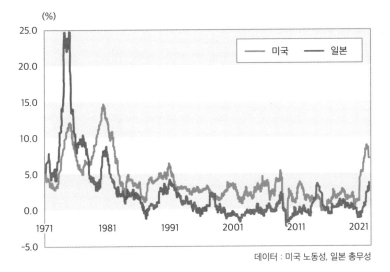

데이터 : 미국 노동성, 일본 총무성

도표 7-4 미국과 일본의 인플레이션 추이 (소비자 물가 종합지수의 전년 대비율)

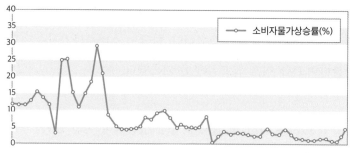

출처 : 통계청

도표 7-5 한국의 소비자 물가 상승률

먼저 최근까지 장기적으로 진행해온 디스인플레이션화의 큰 배경 중 하나로 경제의 글로벌화가 있다. 자원, 재료의 조달, 제품의 제조, 유통 및 판매 등 생활 활동 일련의 흐름, 즉 서플라이 체인을 세계 규모로 연결시켜서 가장 낮은 비용으로 효율 높은 생산체제를 추구하는데 그 상징이 중국의 '세계의 공장'화다.

그러나 미국과 유럽에서 중국 위협론이 높아지는 가운데 미중 관세 전쟁이라고도 하는 무역 마찰을 계기로 이러한 글로벌화의 흐름을 크게 재검토하기 시작했다. 또한 이러한 재검토의 움직임은 2022년 2월에 발발한 러시아의 우크라이나 침공으로 한층 가속한다.

세계적으로 구축된 글로벌 서플라이 체인은 지금 관세와 규제, 또는 경제 제재 등 다양한 요인으로 분단되어 재구축을 강요당하고 있다. 그것이 지금까지 큰 디스인플레이션 요인이었던 것을 소멸시키고 있다. 이러한 글로벌화의 역행 현상은 다양한 리스크 요인이 잇달아 부상하는 상황에서 쉽게 해결되지 않는 문제라고 생각할 수 있다.

다음으로 지나치게 완화적인 금융 정책과 적극적인 재정 확장을 시행한 결과 넘쳐나는 돈이 한층 더 심해진 것도 중요하다. 비전통적 금융 정책은 물가 상승률의 인상에 그다지 공헌하지 않았다고 지적했는데 돈이 넘쳐날 때 물가 상승의 계기가 되는 사건이 일어나자 역시 인플레이션에 불을 붙이기 쉬워진다. 이는 마른 장작을 대량으로 쌓아 올린 상황에 비유할 수 있다.

또한 코로나 쇼크에 대한 대응으로 시행한 여러 가지 경제 정책이 결정타가 되었다. 전례 없는 감염증 확대가 경제에 미친 타격을 조금이라도 완화시키기 위해 매우 적극적인 금융 완화 정책을 시행하는 동시에 재정 정책에서도 각종 지원금의 지급 등 역시 매우 적극적인 대책을 마련했다.

그로 인해 돈이 넘쳐나는 상황이 만들어졌고 미국에서의 밈 주식이나 가상통화 유행을 일으키는 요인이 되기도 했다. 그러나 코로나 쇼크에서 경제가 급속도로 회복하는 가운데 결국 넘쳐난 돈이 실제 경제에도 흘러들어서 물가 상승 압력을 높였다고 생각할 수 있다.

그 전까지의 넘쳐나는 돈은 금융시장이나 금융기관 안에 머물기 쉬웠는데 폭넓게 시행된 코로나 대책에 의한 넘쳐나는 돈은 실제 경제에 사용하기 쉬웠다고 할 수 있다.

기후 변동 대책을 목적으로 한 탈탄소화의 움직임도 물가 상승을 부르는 요인이 되었다. 석유, 석탄 등 탄소를 배출하는 화석연료의 사용을 줄이고 친환경 에너지로 바꾸려면 다양한 투자가 필요하다. 또한 화석연료의 생산 능력 증강을 위해서 투자가 이뤄지지 않게 되어서 그런 것의 가격이 상승하고 친환경이 저비용으로 충분히 생산되지 않는 동안에는 전력 가격 등 에너지 가격이 전반적으로 상승하기 쉬워진다. 덧붙여 커다란 산업 구조의 전환에 다양한 보틀넥 현상도 생길 것이다. 예를 들면 전지 생산에 필요한 희소 자원 등에는 수요가 집중하고 가격이 오른다.

인플레이션 재연에 대한 마지막 쐐기를 박은 것이 러시아의 우크라이나 침공이다. 러시아와 우크라이나는 세계적인 곡물 수출국이다. 그 이상으로 러시아는 원유, 천연가스 등 에너지 자원의 수출 대국이다. 전쟁에 따른 공급 중단과 러시아에 대한 경제 제재로 곡물 가격과 에너지 자원 가격이 일제히 오르는 것을 피할 수 없었다.

이처럼 2022년에 나타난 물가 상승의 요인에는 물론 일시적인 것도 많이 포함되어 있다. 그러한 요인이 떨어져 나가서 급속한 물가 상승은 점점 안정을 되찾을 가능성이 높다.

한편 구조적으로 오랫동안 영향이 남을 것으로 예상되는 요인도 많이 존재한다. 그런 이상 물가 상승이 조금 안정되었다고 해도 2010년대 이전의 디스인플레이션 경향이 돌아올 것으로 기대하기는 어렵다고 생각된다.

  아무튼 예전에 40년 정도 지속된 디스인플레이션과 저금리화의 큰 경향은 종지부를 찍었고 세계는 새로운 경제 구조로 이행하는 과도기에 들어갔다. 그 새로운 질서가 어떤 것인지 현시점에서는 반드시 명확하다고 할 수는 없지만 그로써 앞으로 몇십 년에 걸친 세계 경제의 행방이 정해지는 것은 확실하다.

인덱스